未来を拓く人文・社会科学

2

サトウタツヤ 編

ボトムアップな人間関係

心理・教育・福祉・環境・社会の12の現場から

東信堂

はじめに

社会生活における様々な場面において、医師－患者、法律家－相談者関係など人間関係が非対称的なまま固定化されていることがあります。しかも、そうした非対称性は問題として気づかれることはありません。

「ボトムアップ人間関係論の構築」プロジェクト（人文・社会科学プロジェクト独立行政法人日本学術振興会）では、社会生活上の選択肢拡大や選択肢の可視化こそが重要だと考えています。人間関係というのは小さなマクロな視角ではありますが、それぞれの領域において水平的人間関係を構築していくためにはどうすればいいのか。こうしたことについて、オルタナティブ・オプションズ（代替選択肢）の設定という側面からいろいろなことを考えてきました。

本書が扱う人間関係の範囲は広く、環境、医療、福祉、法の分野に及びます。また内容的にも「性の選択」から「監視社会か安心社会か」のようなことにまで多岐に及びます。

「ボトムアップ人間関係論の構築」プロジェクトでは、人間相互の関係だけではなく、ある役割と他の役割の関係を水平にすることにも関心があります。新しく始まる裁判員制度についての論考が含まれているのは、裁判官と裁判員の水平コミュニケーションこそが、成功の鍵だと考えるからです。

本書に含まれる内容は、一見するとバラバラに見えるかもしれません。穴があるように見えるかもしれません。しかし、私たちはそうした批判を恐れません。トップダウン的に網をかぶせすべてを演繹的に論じるのではなく、それぞれの研究者が張り巡らしたアンテナにひっかかったビビッドな今日的問題を取り扱うことこそが、ボトムアップな態度であるからです。読者のみなさまには、それぞれの著者が取り組んでいる問題から「水平的社会の構築」のための知恵やテクニックを読み取り、自分自身の関心のある領域やテーマに当てはめてみてください。一人ひとりが身の回りにある問題から始めること、それこそが「ボトムアップ人間関係論の構築」プロジェクトが目指すところなのです。

本書は三部構成としました。

第一部「医療・教育——関係をつなぐ」では、多くの人がかならず経験する医療や教育をフィールドとした論考を集めました。教師も医師も「先生」と呼ばれ、生徒や患者との関係を持つわけですが、単純な上下関係が仮定されることは少なくなりましたし、病院も学校も、近年では非常に多くの役割を担う人がいますから、様々な協力や関係の仕方があります。こうした関係の変化を医師はどのように感じているのでしょうか、院内学級と医療と教育の接点(盲点)で人は何を行っているのでしょうか、そして問題や非行を通して教師と心理カウンセラーなどはどのように取り組んでいるのでしょうか。職業を基盤にした人間関係の柔軟なあり方が必要であること、そのために必要なことは何であるのか、ということがそれぞれの論考に示されています。

第二部「環境・福祉・法――水平的人間関係のための制度設計」では、裁判、障害者施策、まちづくり、を扱う論考をまとめました。これらの活動は必ずしも全員が経験するわけではありませんが、少なからぬ人が当事者として関わることになります。そのときに何をめざしどのようなコミュニケーションを行うことが、良い結果をもたらすのか、そうしたことのヒントがあるかもしれません。

第三部「決断・性・安全――個人的事情から見た社会」では、第一部第二部とは異なり、個人から社会を見通す論考を集めました。自分で決定しろと言われても材料がないから何かに頼りたい、性のように多くの人にとって自明なものであってもその選択があり得る、道草の楽しみは安全・安心に反対するものではなくうまくつながっていけるのだ、という一見個人的に見える「迷い」「悩み」「楽しみ」が大事であり、社会の側の選択肢設定こそ社会の豊かさを示しうるのだ、ということがわかると思います。

目次／ボトムアップな人間関係

装丁：桂川　潤

◆本書を読むためのキーワード

医師患者関係

医師患者関係は、治療効果にも重大な影響を及ぼす要因であり、単純な依存−自律の一次元的な関係のみでは捉えきれない。医師患者関係のモデルとして、父権主義モデル、情報提供モデル、解釈モデル、審議モデルの四つを提案し、医師が患者の価値観を尊重しつつ、患者の希望に沿う選択肢を決定するための援助や助言をする審議モデルを最も望ましいとする考えもある。実際の診療場面における医師患者関係は、医療制度や対人関係における文化差も影響するので、心理・社会・文化的な要因も考慮に入れる必要があるだろう。

スクールカウンセラー

不登校や非行など、児童・生徒の問題への対処として、平成七年度から文部科学省が全国の小中高等学校への配置を進めている。ほとんどが臨床心理士の有資格者である。職務内容としては、児童・生徒や保護者へのカウンセリングのほか、近年では、教職員に対して、互いに専門家として対等な立場で実践について協議する「コンサルテーション」や、校内での支援の枠組みづくり、あるいは「地域援助」などに重点が置かれるようになっている。

協働

基本的に平等な立場にある複数人（異職種であることが多い）が、共通目標に向かって共に活動することを言う。各人が有する個人資源を共通資源として活用し、原則として自由意志に基づいた連携がとられ、意思決定や活動の結果に関する責任を共同で担う。複数の人物が関わる活動のなかでも、ひとつの仕事を、共通の価値や専門性を持つ複数の成員で分割することや（分業）、共通の価値を持つ複数の成員が、目標の達成に向かってそれぞれに協力すること（協調）とは区別される。

院内学級

院内学級とは、疾患等により入院している児童・生徒を対象とする公教育の場である。教育行政上は、病弱・身体虚弱児教育（略して病弱教育と呼ばれる）という特別支援教育の一環として位置づけられる。院内学級は、病院所在地域の公立小中学校が設置するものと、都道府県立養護学校が分室・分教室として設置するものの二種類に大別され、後者の場合は、領域「自立活動」の時間が教育課程に含まれる。

裁判員制度

国民が裁判員として、裁判官とともに一定程度以上の刑事裁判（公判・評議・評決・判決）に参加し、事実認定（何が判決の基礎となる事実かの判断）や量刑判断（もし有罪ならどれくらいの刑罰がふさわしいかの判断）を行う制度。裁判官三人と裁判員六人とがひとつの合議体を形成する。二〇〇九年までに開始されることが決まっている。なお、裁判員は、選挙権のある人のなかから無作為に選ばれる。

専門家－非専門家コミュニケーション

法律・医学・科学など何らかの専門家と市民のコミュニケーション。従来の専門家－非専門家コミュニケーションでは、真実を知っている専門家と、無知で迷妄な市民として対立的に捉えられる傾向があった。このため、両者のコミュニケーションは、欠如（啓蒙）モデルと呼ばれる一方的なコミュニケーションが行われがちであった。しかし近年では、学問的知識の問題と、市民の持つローカルな知の豊かさが明らかになったため、より協働的なコミュニケーションとして構築しようという流れがある。

エコツーリズム

自然・生態系（エコ）を配慮した観光（ツーリズム）の形態のこと。日本においても世界自然遺産地域などを中心にエコツーリズムが浸透し始めている。一方、エコツーリズムは、エコを重視しすぎるとツーリズムの成立が困難になり、ツーリズムを優先しすぎるとエコに配慮しないことになってしまうという矛盾を抱えている。この矛盾は，地球環境問題が抱える矛盾にも通じており、二一世紀に生きる私たちにとって切実な課題でもある。

まちづくり

近年の日本では、地方分権が叫ばれる一方，地域間格差が政治的問題となっており、良くも悪くも地域の力が問われている。地域住民が意識しようとしまいと、まちづくりは常に進行していると言えるが、住民がどれくらい意識するか、どれくらい真剣に考え、そしてどれくらい実際に参加するかによってその形態は大きく変わる。個性的なまちづくりはもちろん大事だが、それがいかに身の丈にあったものであるかがそれ以上に大事である。

性同一性障害

人には、生物学的性別(sex)のみならず、自己の性に関する意識や態度といった心理社会的性別(gender)がある。性同一性障害とは、「生物学的性別が男(女)でありながら、性の自己意識が女(男)である、あるいは女(男)であると感じる、女(男)であるほうがしっくりする、女(男)として振る舞うことが自分にふさわしいと感じる」というように、sexとgenderに不一致が生じている状態のことを指す。

不思議現象

科学的には証明されていない、あるいは否定されているにもかかわらず、広く信じられている現象を指す総称。具体的にはＵＦＯ、宇宙人、幽霊、心霊写真、幽体離脱、死後の世界、金縛り、超能力、予言・予知、呪い、占い、気功、血液型性格判断などがあげられる。具体的な現象ではなく、その方法論に焦点を当てた場合には、科学的な装いの側面を指して疑似科学と呼ばれることも多い。

ボトムアップな人間関係

――心理・教育・福祉・環境・社会の12の現場から

第一部　医療・教育

——関係をつなぐ

第1章　日本の医師患者関係の現状とこれから
――信頼にもとづくパートナーシップをめざして

西垣　悦代

日本人は「医療不信」に陥っているのか?

「医療ミスで妊婦死亡」「あわや医療事故一八万件」（いずれも朝日新聞見出し）。最近、このような報道を目にすることが多い。見出しまたは本文に「医療事故」「医療ミス」「医療過誤」を含む新聞記事は、二〇〇〇年以降は年間約一〇〇〜二〇〇件に達しており、一九九〇年代の年間一六〜二五件と比較すると急増している（朝日新聞記事データベース「聞蔵」による）。では、実際の医療事故は近年増加しているのだろうか。実は国立病院等の一部を除き、国内全体をカバーする医療事故の発生件数に関する統計資料はないため、実態を客観的に把握することは難しい（日本医療機能評価機構 二〇〇七）。ただ、警察に届け出のあった医療事故の件数は一九九七年に二一件であったが、二〇〇二年には一八七件に増加している（恩田 二〇〇三）。しかし、年間四万四千人と推計されている米国での医療ミスによる死亡者数と比べると、一八七件という数値が実態を反映しているとは思えず、事故の届出数から実際に事故そのものが増加しているのかどうかを判断することは難しい。一方、医事関係訴訟の新規受付件数は増加傾向にあり、一九九六年の五七五件から二〇〇三年以降は千件を超え、その伸び率は他の訴訟よりも高い（最高裁判所 二〇〇五）。これらのデータから言えることは、医療事故そのものが増加しているかどうか明らかではないものの、医療の結果責任を問う傾向が、患者側当事者や世間一般に高まっているということだろう。

では、医療訴訟や医療事故報道の増加は、人々の医療に対する不信感を何らかのかたちで反映しているのだろうか。実際に否定的事象を体験する人が増加すれば、世間一般の医療に対する信頼が低下するのは自然の成り行きだろうが、否定的な医療経験のない人でも、そのような報道に触れることによって不信感を増大させる可能性も考えられる。ある新聞社が三千人を対象に面接方式で実施した世論調査によると、医師を「信頼している」と答えた人は六二パーセント、「あまり信頼していない」と答えた人は三〇パーセントであった（朝日新聞 二〇〇〇）。一方、別の調査では、「医師は患者の信頼にこたえているか」という質問に対して、八〇％近くの人が「こたえている」、または「ある程度こたえている」と回答している（日本世論調査会 二〇〇一）。ところが、別の新聞社が同様の方法で実施した世論調査では、自分や家族が診療を受けた医師に不信感を持ったことがあると答えた人は、四二パーセントにのぼった（読売新聞 二〇〇六）。ただし、この調査の回答者のなかには、過去一年間に一度も医療機関を受診していない人も三五パーセント以上含まれている。

これらの調査結果からでは、果たして現実の医療場面において信頼が揺らぎ不信感が増大しているのか、あるいは医療不信のイメージが一人歩きしているだけなのかを見極めることは困難である。しかし、医療機関や医師に対して不安を感じることが「よくある」人（一五・六パーセント）と「ときどきある」人（五七・七パーセント）を合わせると七割を超えており（厚生労働省二〇〇四）、現実の根拠や体験のあるなしにかかわらず医療に対して漠然と不安感を抱いている人が多数いる、ということは言えるだろう。そしてこのような世間の風潮は、実際に医療に携わっている医師にも伝わり、医師患者関係に何らかの影響を与えているのではないだろうか。

不安社会における信頼

実は、このような不安は医療に限ったことではなく、現代日本社会の構造的な性格のようなものだという指摘がある（村上二〇〇五）。現代社会は教育や年金をはじめ、過去においては個人の手に委ねられていた様々な機能や能力を、社会の仕組みのなかで達成させようとする傾向にある。しかし、文明の発達した社会は、その成員にとって必ずしも好ましい安心できる環境とは言えなくなり、現代人は様々な不安を背負い込むことになった。科学的方法で統計確率的に評価できる安全や危険と異なり、危険が取り除かれ安全が達成されたとしても、不安は解消されるとは限らない、という村上の指摘は、これまで見てきたように、人々の医療に対する不安や不信を示す数値と、各種の客観的データとの間に必ずしも整合性が見いだせないところにも、表れているように思われる。

では、わたしたちは医療に対する不安を、現代社会の必然として受け入れるしかないのだろうか。心理学の立場から信頼を研究している山岸は、このような社会的不確実性の高い時代にこそ、安心に代わって信頼を確立する意義があるとしている（山岸 一九九九）。山岸（一九九九）によると、日本社会を特徴づけていた集団主義的な社会関係の下では、安定した集団や関係の内部で社会的不確実性を小さくすることによって、互いに安心していられる場所が提供されていた。こうした安定した社会関係が失われ、社会的不確実性が高まると、人々は社会のあり方に不安を感じるようになる。しかし、このような不確実性の高い社会においては、もはや完全な安心を取り戻すことは難しく、「安心社会」の崩壊はむしろ日本を「信頼社会」へつくりかえるための良い機会を提供していると見ることもできる（山岸 一九九九）。そこで本章では、このような現代社会における医師患者関係を、信頼の観点から考察する。

患者から見た医師への信頼

医師患者の信頼関係については、おもに米国で行われた先行研究があるが、日本人とアメリカ人では一般的信頼や特定の相手との信頼に関する態度に、様々な違いが見られる（山岸 一九九八、清成・Cook・山岸・大村・鈴木・高橋・谷田 二〇〇三）。信頼も人間関係のひとつであるから、文化によって異なる価値観や規範の影響を受けるのは当然である。また、医療制度は国によって異なっており、医師と患者の信頼は、その制度の影響の下で形成される。現代日本における医師患者の信頼関係を論じるためには、まずその実情を明らかにする必要がある。しかし、日本人を対象にした医師患者の信頼に関する実証的研究はきわめて少なく、『医学中央雑誌』及びPubMedによる検索でも「医師患者関係」と「信頼」をキーワードに含む論文は数点しか出てこない。

そこで、慢性疾患で治療中または入院経験のある四〇歳以上の日本人二五人を対象に面接調査を実施し、日本人が日本の医療制度のなかで経験している医師との関わりについて語ってもらったところ、医師に対する信頼の要因として、1医師の医学的能力、2医師の態度・言動、3医師患者の感情・コミュニケーションの三つの要因が見出された（西垣・浅井・大西・福井二〇〇四）。これらには海外の先行研究との共通点もあったが、3のサブカテゴリーである「医師患者の人間関係」についての発言には、患者が医師との親しさや情緒的なつながりを期待する傾向が見出され、それは調査対象の患者に広く共通した特徴でもあった（西垣二〇〇五a）。

「先生と患者ということを超えたお付き合いをさせて頂いたり……」（四〇代、男性）

「自分自身が信頼しないと、先生からも信頼していただけないでしょう？　人間と人間の付き合いですよ、患者も先生も」（五〇代、女性）

「人間同士としては対等だけど、専門知識を持ってる人と持っていない人として平たい関係を作れて、それがものすごい安心感っていうか、守られてるっていうか……」（四〇代、女性）

患者の言う医師との「気の置けない」「先生と患者の関係を超えた」「人間的な」関係とは、医師と友達になりたいという意味ではなく、患者が権威的な上下関係に萎縮せず、また専門家と受益者の契約関係でありながらもそれにとどまらない友好的な雰囲気の関係として認識していることがうかがえた。さらにこのような関係への期待は、調査対象とした四〇歳以上の慢性疾患患者に限らないことが、筆者の調査でも明らかになった。一八歳以上の男女三一二名に対して、二八項目の「信頼される医師の資質に関する調査」を実施したところ、医師に対する信頼の要因として「患者配慮的診療態度」「親しみやすさ・疎通性」「権威・外面的評価」の三つの因子が見出された。

そして、これらの因子をそれぞれどの程度重視しているかによって、患者のタイプは三つに分類された。タイプ１の「権威・親しみやすさ重視の患者」は高齢者に多く、従来のパターナリズム的な医師患者関係を肯定するタイプに近いと考えられるが、権威だけではなく医師との親しい関係も重視していた。外面的な条件で医師の技能・能力を判断し、そのような医師に親しく、頼りがいのある態度で接してもらうことを望んでいる患者である。次にタイプ２の「患者配慮重視の患者」は、三〇代、四〇代に多いタイプで、医師の権威にはそれはどこだわらず、医師が患者の人格やプライバシーの尊重を示すなど、医師の患者配慮的な態度を最も重視している点では自律的な患者と見ることができよう。しかし同時に医師との間の親しさも相応に重視していることから、医師と距離を置く対立的な自律ではないようだった。むしろ、コミュニケーションによって医師との間に良好な関係を持つことによって、信頼関係を築こうとする患者であると解釈できるだろう。この二つの患者タイプは一見対照的であるが、両者とも医師との人間的な関わりを重視している点では共通している。一方、タイプ３の「(医師と) 道具的な関わりをする患者」は、男性に多く見られ、どちらかと言えば医師との人間関係よりも、技術面での信頼を求める患者であると見なすことができよう。医師との個人的親しさを求める傾向が三つのタイプのなかで最も低く、医師の患者配慮的な診察態度に対する重視の程度も相対的に低いが、権威へのこだわりは持っている患者である。

これらの患者タイプと対人信頼感尺度（堀井・槌谷 一九九五）との関連を調べたところ、医師に対する信頼は人一般に対する信頼感とは独立した概念であることが明らかになった。つまり、一般的に他者を信頼しやすい人は医師に対する信頼感も高い、という傾向はなく、医師に対する信頼は、医師の外面的条件、能力や診療態度、人柄などをもとに個別的に形成されているものと推測された。

これらの結果からは、単純な自律－依存の一次元では捉えにくい、日本の患者の医師に対する信頼の持ち方や関わり方の特徴が見えてくる。多くの患者が医師との「人間的な」関わりを望んでいるものの、その程度やそれ以外の期待との兼ね合いには、年齢や性別により様々なパターンが存在する。今日の医師は、多様化する患者の期待やニーズに合わせた医師患者関係を構築することが期待されているようである。

医師は患者の期待にどう対応しているか

では、このような患者の期待を医師たちはどのように受け止めているのだろうか。筆者は患者にとって世話になることの多い身近な診療科である内科医を対象に、全国一一都市の二〇代から五〇代の開業

分類の枠組み	カテゴリー	
I．医学的技術	I-1　手技・テクニック I-2　診断・医療技術 I-3　医学的知識	医師の能力・技能
II．態度・言動	II-1　診療態度・接遇 II-2　十分な説明と納得 II-3　患者の利益の優先	
III．感情・コミュニケーション	III-1　患者への配慮・共感 III-2　コミュニケーション能力 III-3　感情のコントロール	

→ 患者の信頼 ← 外的要因

図1　医師から見た医師患者の信頼

医及び勤務医一八名（男性一五名、女性三名、臨床経験年数の中央値二〇年）に面接調査を実施し、医師の視点から見た医師患者の信頼の要因、及び信頼に応える医師の役割観について尋ねた（西垣二〇〇六a、Nishigaki & Seta 2007）。患者から見た医師の信頼のカテゴリーを枠組みに用いて分析すると、医師にとって患者の信頼のもとになる三つのカテゴリーは、すべて医師の能力として理解されており、それを患者の治療という職業的使命のために発揮することが医師に期待される役割であり、それが信頼につながると認識されていた（**図1**）。

　これらのうち、医師の能力としてIの医学的技術が最も重視されるという点では、医師の意見は一致していた。その具体的内容には、手技、診断技術、広い対応力、知識といった生物医学的な技術・技能のみにとどまらず、きめ細やかさ、患者の期待を満たすといったサービス的なスキルも含まれていた。一方、II、IIIの医師の患者配慮的な態度やコミュニケーション能力については、患者との信頼の形成において重要であると認識されていたが、意見にはバリエーションがあった。また、診療態度が良くなかったり、患者の利益よりも自分のやりたい治療を優先して患者の訴えを十分に聞かない医師や、患者とのコミュニケーション能力の低い医師が現実にいることは、医師たちも認めるところであった。以下に意見のいくつかを紹介する。

治療行為以外の医師の役割

医者というのはね、ちょっと行って手を握ってあげる、ちょっと顔を見て声をかけてあげる、それだけでいいんだなという、そういうのを感じたし、わかってきましたけどね。(中略)(そういう時間を)割かないで、急いで(別の患者の)治療にいった方が楽なんですよ。でも、ほんの数分足をそこに運ぶことで、(患者が)癒されることも大事じゃないかなと思うんですけどね。(一般病院神経内科医)

大病院の役割として、(患者の)精神的な満足度を上げるよりも、治療としての肉体をよくするという形での集約をしないといけないし、「話をよく聞いてほしい」というリクエストに関しては、クリニックとかかかりつけ医の先生とかに話をしていただいて、その中で必要な情報が病院に上がってくるようにという、使い分けをしていただくのが、お互いの満足度を上げるには、本来はいいのではないかと思います。(公立病院消化器内科医)

医師の態度

私も機嫌が悪い時があって、機嫌が悪い時はヒストリーテイキングの時、つっけんどんで共感的な言葉を使わない、オープン・エンド・クエスチョンを強調せずにクローズ・エンドの質問をするんだけど、(中略)患者さんが希望しているのは、この医者がきちんとしているかどうか。少々、聞く時の態度が悪くてもきちんと説明して「この医者は自分のことを真剣に考えているな」と感じた

ら、多分、信頼してくれるのだろうと思います。（大学病院呼吸器内科医）

実力派の先生は、対応が悪くても患者さんは信頼する、というわけですね。でもそこまで実力を持つって言えるのは歳もあると思うんですよね。ふんぞり返っている若い先生に対して、患者さんが信頼を簡単にしてくれるか。常識的に考えて、そんなことしないですよね。「この態度の悪い医者はなんだ」と思うわけですよ。（一般病院腎臓内科医）

医師のコミュニケーション能力の必要性

正直なところ、できる人とできない人が医者の中にいると思うんです。したがって「医師であれば、こうでなければならない」とは私は言わない。できない人もたくさんいるから。（中略）「医者は、これとこれとこれはできなければ困る」では、多分うまくいかない。「これとこれとこれができる人、これとこれとこれができる人」と、社会もそれを受け入れてもらわんと困る。（大学病院呼吸器内科医）

想像力をもって相手を慮《おもんばか》るという行為が、別に医療だけに限らず、すべての人間が行う行動に根底に流れている共通しているものではないか。患者さんに対してのコミュニケーションをとる時の一番大事な基本の部分ではないかと思います。（内科・消化器外科開業医）

プロのよい臨床医をめざすのであれば、相手の話を聴くのは基本中の基本です。コミュニケーションの一番最初は、インフォメーションをもらうことです。それをしないと何を提供したらいいかわからない。（中略）世間話もできないといけないですから、僕はスポーツ新聞を、阪神が勝ったら買いますし、テレビも話題になっているものも極力見るようにしますし、カラオケも歌いますし

……。そういうことも必要なわけですよ。相手に話を気持ちよくしてもらうためにはね。（一般病院消化器内科医）

日本人のコミュニケーションでは、言語以外の文脈（コンテクスト）からも重要な意味を読み取ることが知られている（Ishii & Kitayama 2002、メイナード 一九九三）。だとすると医師が十分な説明を行っても、そのときの語調やニュアンス次第では、患者には冷たく聞こえる場合もあるだろう。また、医師は患者や家族の言語化されない本音を、表情やパラ言語を手がかりにして初めて理解できる場合もあると思われる（西垣二〇〇六b）。何人かの医師からは、十分な話し合いの末、患者や家族の期待や心情を察し、思いを汲み取ったうえで患者にとって最善と思われる医療を提供する、という意味での「お任せ」医療も悪くはない、という意見が聞かれた。高齢者医療に携わるある医師は、「よく日ごろから話をして、最期の話もきっちりして『医学的なことはよくわからないけど、お任せします』というときの『お任せ』というのは、宗教とか自然観とか自分の価値観とかの流れにお任せします、という意味合いですよね。私に対して言っているけど、もっと別の大きなものに対する家族の納得の表現ではないかなと聞いています」と述べている。

欧米流の自己決定の概念を日本の医療に取り入れようとするなら、日本的な人間関係のあり方や、直接的な言語情報だけではなく文脈を重視する日本的なコミュニケーションに配慮した方法を工夫する必要があると思われる。また、そのためにはかなり高度で洗練された医師のコミュニケーション能力も求められることになるだろう。

医師患者関係に及ぼす外的要因

面接した医師からは、患者との信頼関係に影響を及ぼす様々な外的な要因の存在が指摘され、個々の医師の努力や能力だけでは解決できないという意見も多かった。

医師の多忙

どこの病院でも朝から働いて、当直をして、翌朝また働いて、三六時間勤務とか当たり前なので。そうなってくると医者も、やさしい言葉もかけられなくなりますから。説明不足だったり、コミュニケーション不足だったりするのも同じで。（中略）ほとんどの人（患者）はじっくり腹を割って話せばわかる人ばかりなのに、時間がないのは辛いですよね。（一般病院内科・東洋医学医）

医療のコスト

現状の保険診療ですと、時間的にはどうしても限らざるをえない。ある程度の利益とは言いませんが、赤字にならないように運用していくためには数をこなさなければいけない。そうすると説明の時間をほんとに（患者が）納得できるまで説明できるかというと、それをペイするところまで縮めなきゃいけない。（公立病院消化器内科医）

医師・医療の限界

医者は全能ではない。医者だって未熟な人間なんだ、ということを患者さん、家族にはわかってほしいな、ということと、どうしても越えられない限界が医療・治療にはあるんだ、ということを

理解して、その中でどう、この病気とつきあって闘っていくかを考えてほしいなと思う。(一般病院神経内科医)

過剰な期待

ホテルやデパートと同じような感覚で受診される患者さんが多くなってきていると思うんですよ。ホテルと大きく違うのは、ホテルは(お客が)それだけの対価を払うわけですよね。病院はそれだけの対価を払わないわけです。いくら払っても三割でしょ。二四時間、コンビニエンスストアのようなサービスを期待している患者さんっていらっしゃるんですよね。(一般病院腎臓内科医)

社会の風潮

それは医師に対してだけじゃない、今の社会が強要的になってね、先生にもパーフェクトを求めて、警察官にもパーフェクトを求める。企業にもパーフェクトを求める。自分は何の責任も果たさないわけです。人を責めて責めて、という社会がおかしいんです。寛容の精神がない。(大学病院呼吸器内科医)

マスコミ

マスコミに批判的になってしまう面もあるんですね。偏った報道が多いので。特にテレビですよね。もう少しバランス感のある報道をしないと、医療に関してはすごくマイナスの要因になる場合が多々あるんじゃないかと思いますね。(一般病院腎臓内科医)

医師が権威を失うと

クラウスは *Death of the guilds* において、二〇世紀後半に医学、法律、工学、大学の専門家集団による各「ギルド」の勢力が失墜し、自律的統制力、権威、社会への影響力などを失っていく様子を欧米五カ国の例をあげながら指摘している (Krause 1996)。医師たちが感じている様々な外的要因は、市場主義優先の時代に翻弄される高度専門職に共通した状況を反映しているようにも思われる。グレイ (Gray 2002) は、医学的権威は知的、道徳的、官僚的、カリスマ的、の四つの権威を失いつつあるという。日本でも、インターネットの普及によって患者が病気についての知識を得やすくなり、さらには医師についての情報も容易に得られるようになったことで、医師にもわからないことや弱点があることが周知の事実になり、もはや無条件で知的権威とは言えなくなりつつあるように見える。

また、グレイ（二〇〇二）によれば、医師は癒しの力を神から授かる聖職者の地位を受け継いだが、今日ではそのようなカリスマ性はなくなり、技術者としての側面が強くなっている。日本でも「お医者さま」が「患者さま」にと取って代わられたことが象徴するように、カリスマでなくなった医師に対して居丈高な態度をとる患者もいるようだ。「病める人たちのためにやるのが自分たちのミッションだ」という矜持を「ノブリス・オブリージュ」と表現したある医師は、それと社会的地位、収入が三位一体であったものが、今の日本では「どんどん剥がされてきている」と感じていた。その結果、「(医師の) プロフェッショナリズムがなくなるわけですよ。『あぁアホらしい、やめた』と言い始めちゃいますよ」(消化器内科・美容皮膚科開業医) と危惧している。これは医師の病院離れなどのかたちで、すでに現実化し始めているのかもしれない。

医師がカリスマ性を失うことで「癒す人」ではなくなり、身体を修理する技術者になってしまえば、病の不安を取り除き心の平安を与えることは、医師の役割ではなくなるだろう。また、診療報酬の裏づけがなくても、医師の犠牲的精神や良心によって支えられてきた部分も失われることになるかもしれない。権威が失われた時代における医師患者関係は、信頼にもとづく、より水平的な関係にならざるを得ないだろう。いずれにしても患者が医師に対して不信をあらわにし、医師が患者の無理解に憤慨しているだけでは、何ら解決にならないことは明白である。

これからの医師に求められるもの

患者との間に信頼を築き、ともに治療に向けて意思決定し協働していくために、医師の共感的なコミュニケーション能力はますます重要になっていくだろう。しかし現実には、人と接する職業に対する適性が不十分な医師もいるようである。現在の大学入試制度の下では、そのような学生が医学部に入学してくることは避けられない。もともとの資質を変えることは困難でも、医学生や研修医には、最低限の接遇マナーと面接技術を、テクニックとしてだけでも身につけさせる教育を行うことが必要である。これらは現在医学教育に取り入れられつつあるが、それだけでは十分とは言えないだろう。早期に看取りの医療を体験しておくことは、死に関わることが避けられない医師にとって、重要な意味を持つと考えられる。さらにそのような場で医師の下を訪れる患者の多くは病気の治療だけではなく、それに伴う不安も解消したいと願っていることを学ぶことができれば、病気ではなく人を診る医師に成長するきっかけとなるかもしれない。また、人間性を高め、変化する社会のなかでの医療のあり方を見失わないためには、専門的知識だけではなく、人文・社会科学系学問を通して社会や人間について学ぶことも必要であろう。医学は科学であるにしても、職業としての臨床医は今日ではひとつのヒューマンサービスの仕事であるという認識も必要かもしれない。民間企業に勤めるある産業医は、夜間の救急外来に軽微な症状で訪れる患者について「なぜこんな時間にそんなことで来るんだ」という医師の気持ちに理解を示しつつも、ニーズのあるところにサービスを提供するという一般社会では当然の発想が、医療の場では実現されないことに疑問を感じると述べていた。二〇年前に二四時間、三六五日開いている店はほとんどなかったが、現在ではそれは当たり前のことになっており、人々の生活はそれを前提として営まれている。病院だけは例外である、という認識を人々に求めるのは難しいのではないだろうか。実験的な試みはすでに始まっており、東京大学医科学研究所のゼミ生が中心となり、午後六時から九時の夜間診療所が開院されている(アエラ二〇〇七、週刊ダイヤモンド二〇〇七)。もちろん、今の医療制度のままでは困難な点は多いだろうし、「これ以上過剰労働を強いるのか」という医師の声も聞こえてきそうである。ただ、この例に限らず社会のニーズに合わせて、医学教育や保険制度を含めた医療システム全体のあり方を見直すことも必要かもしれない。良い医療の実践には、時間と人手とコストがかかる。これからの医療において、限られた資源をどこに割くかの選択と、それに伴う責任の自覚は受益者側にも必要だろう。本章では医療経済学の領域に踏み込む議論は行わないが、医師患者関係が制度のうえに成り立つものである以上、避けて通ることのできない問題のひとつとして指摘しておきたい。

賢い患者になるには

次に患者に対しては医療の賢い利用者になることを勧めたい。現在の制度の下では、普通の風邪で、がん治療に力を入れる大病院の外来にかかっても、満足のいく対応を期待するのはおそらく無理だろう。体調の異変は誰しも不安なことであるが、これだけの情報化社会において、病院に行く前に自分の症状について調べることに、時間も費用もそれほどかかることはないはずだ。また、開業医のなかには、患者の道しるべとなるべく知識を提供することも務めであると考えている人もいる。そのような親切で頼りになるかかりつけ医を持つことは、患者にとって非常に有益だと思う。年齢層が高い傾向にある開業医の場合、専門に偏りすぎていたり、対応の良くない医師もいるようなので、その見極めは大切である。現状ではそのための情報が不足していることは否めないが、最近はウェブ上にＨＰを開設している開業医も多い。医師の基本的な診療方針や専門を知る手がかりにはなるだろう。患者の面接調査では、信頼できる開業医とめぐりあって非常に満足している患者もいたので、不可能なことではないはずだ。

これからの時代は、医師との信頼関係を築くうえで、患者が自分の考えを持ち判断することも重要である。ある患者は、自分の治療の目的を明らかにし、そのために必要なサポートを医師に依頼することが「患者の道」であり、「自分は何が聞きたいのかを知り、何をしたいのかをわかっておかないと、『どうしましょう』って言うのはだめだ」と述べている（西垣二〇〇五ｂ）。患者がこのような意識を持つ必要性は、今後いっそう高まってくるだろう。とはいえ、面接したほとんどの医師は、患者が独力で情報を取捨選択したり、意思決定をすることには困難が伴うことを理解していた。日ごろから信頼できるかかりつけの医師と良好な関係を持っていれば、たいていの医師は味方になってくれるはずである。「基本的には仕事をしてお給料をいただくという形で僕らは報いられるんだけど、患者さんにも喜んでいただけるという点でもう一度報いられるということですね」（大学病院血液内科医）、という考えを持っている医師は大勢いる。ただ医師も人間であるから、あからさまに敵対的だったり高飛車な態度の患者には、心から親切にはできないだろうし、それはひいては患者自身が不利益を被ることにもなる。卑屈になったり遠慮する必要はないが、患者もコミュニケーション上手であるに越したことはないだろう。

アリゾナ大学医学部教授で、統合医学（integrative medicine）の権威でもあるワイルは、現代医学にはできることとできないことがあると指摘している（Weil 1995）。現代医学が得意とする領域は外傷の治療、緊急事態の処置、細菌性感染の治療など数多くあるが、一方でほとんどの慢性・消耗性疾患、心身相関疾患、多くのタイプのがんに対する治療は必ずしも得意ではないとして、代替療法も選択肢に入れることを提案している。しかし、このような選択肢が増えることは、それを選択する患者も大変になるということを意味している。ワイル（一九九七）は、進行した食道がんと診断された患者に対して、家族や友人が権威ある西洋医学の病院、著名な代替療法センター、ヒーリングの啓発本、インターネット上の膨大な情報、催眠療法家など、それぞれが最善と信じる策を提案・紹介するなかで、患者本人は混乱し、命に関わる慎重な決定などできない状態に陥ってしまう様子を描いている。そして、「ほとんどの人は大病に対してまったく準備ができていないので、なんとかして自律性を維持して入念な行動計画を練ろうとあがいているうちに、力が尽きてしまうのだ」と述べ、元気なうちからいざというときに助言を求める先や、受けたい治療を考えておくことと、心の平静を保つ術を身につけておくことを勧めている（Weil 1997）。

日本では、代替療法はまだこれほどの影響力を持っておらず、患者は十分な選択の余地のないまま医師の治療計画に乗ってしまうことも多いかもしれない。しかし、現代西洋医学も万能ではないので、信頼できるオルタナティブな選択肢を補助的に持っておくことは役に立つだろう。命に関わる病気や死に対する心構えが必要であり、最終的に医師に「お任せ」することも含めて、納得してみずから選択しなければ後悔が残るだろうという点では、日本もアメリカも同様である。また、既存の宗教に魂の平安と救済を求めることが少ない現代日本人は、このような事態に対する十分な心の備えがなければ、アメリカ人以上に不安と混乱に陥り、絶望のなかで家族や医療者を責めたり、弱みにつけ込まれて、インチキな健康食品や詐欺まがいの祈祷師等に法外な金銭を搾取されないとも限らない。

死を否定する傾向は患者に限ったことではなく、医師も同様であるという見解は面接でも示された。医師も患者も、「治せない」あるいは「治らない」ことを敗北であると思っている限りは、すべての人の人生は敗北で終わることになってしまう。生に限りがあるからこそ、いかに生きるかを考える必要が出てくる。より良く生きることが医療の目的になることは、医師にとっても患者にとっても重要なことと思われる。医師と患者が医療の限界と不確実性についてある程度理解を共有することができ、そのうえに共感的なコミュニケーションによって相互の理解が成立すれば、信頼を土台とした医師と患者のパートナーシップを築くことができるのではないだろうか。

引用参考文献

『アエラ』(二〇〇七)、「東大生がクリニック開設」(一月二二日号、三六頁)
朝日新聞(二〇〇〇)、「身近な医療」世論調査(一〇月二五日朝刊)
Ishii, K., & Kitayama, S. (2002), Processing of emotional utterances: Is vocal tone really more significant than verbal content in Japanese?『認知科学 Vol. 9』67–76.
恩田裕之(二〇〇三)、「医療事故の現状と課題—医療事故への対応策の整備を中心に」『調査と情報四三三』一—一〇頁
清成透子・Cook, K.・山岸俊男・大村優・鈴木直人・高橋知里・谷田林士(二〇〇三)、「信頼と互酬性—分配委任ゲームと信頼ゲームを用いた日米比較実験」(日本社会心理学会第四四回大会論文集)一七六—一七七頁
J・A・M・グレイ著、斉尾武郎監訳(二〇〇四)、『患者は何でも知っている—EBM時代の医師と患者』中山書店
厚生労働省(二〇〇三)、「『医療に係る事故事例情報の取り扱いに関する検討部会』報告書」(平成一五年四月一五日)
厚生労働省・監修(二〇〇四)、『平成一六年版厚生労働白書』ぎょうせい
最高裁判所医事関係訴訟委員会(二〇〇五)、「医事関係訴訟の現状:医事関係訴訟に関する統計」
『週刊ダイヤモンド』(二〇〇七)、「東大生がつくった診療所は『医療界のコンビニ』を目指す」(四月七日号、六一頁)
西垣悦代(二〇〇五a)、「関係性の視点からみた日本の医師患者コミュニケーション」『日本保健医療行動科学会年報第二〇巻』一五七—一七二頁
西垣悦代(二〇〇五b)、「患者の視点からみた医療者との関係と信頼」『現代のエスプリ第四五八巻 クリニカル・ガバナンス特集号』至文堂、一四九—一六〇頁
西垣悦代(二〇〇六a)、「意思決定に関わるコミュニケーション」、浅井篤・福原俊一編『重症疾患の診療倫理指針』医療文化社、四三—五一頁
西垣悦代(二〇〇六b)、「医師の役割認知と患者の信頼に関する質的研究」(日本心理学会第七〇回大会発表論文集)一七二頁
西垣悦代・浅井篤・大西基喜・福井次矢(二〇〇四)、「日本人の医療に対する信頼と不信の構造」『対人社会心

理学研究四』一一―二〇頁
日本医療機能評価機構(二〇〇七)、「医療事故情報収集等事業第八回報告書」
日本世論調査会(二〇〇二)、「医療　医師に『一応の信頼』八〇%」(二〇〇二月一月、中日新聞)
堀井俊章・槌谷笑子(一九九五)、「「最早期記憶と対人信頼感との関係について」『性格心理学研究3』二七―三六頁.
村上陽一郎(二〇〇五)、『安全と安心の科学』集英社新書
K・メイナード・泉子(一九九三)、『会話分析 日英語対象研究シリーズ2』くろしお出版
山岸俊男(一九九八)、『信頼の構造』東京大学出版会
山岸俊男(一九九九)、『安心社会から信頼社会へ―日本型システムの行』中公新書
読売新聞(二〇〇六)、「世論調査『医療』」(二月四日) http://www.yomiuri.co.jp/feature/fe6100/koumoku/20060204
A・ワイル著、上野圭一訳(一九九八)、『癒す心、治る力』角川文庫
A・ワイル著、上野圭一訳(一九九八)、『心身自在』角川文庫
Krause, E.A.(1996), *Death of the guilds: professions, states, and the advance of capitalism, 1930 to the present*, Yale University Press.
Nishigaki, E. & Seta, T.(2007), Trust and relationship between patients and physicians in Japan. *Abstracts of 3rd International Congress of Qualitative Inquiry*, p. 328.

第2章　人々が水平につながり、まとまる
――スクールカウンセリングの実践

松嶋　秀明

スクールカウンセリングという仕事

読者の皆さんはスクールカウンセラー（以下ではＳＣ）という仕事をご存じだろうか。しばしば、イメージされるのは、校内で生徒を相手に一対一のカウンセリングをする姿であろう。このイメージは、必ずしも正しくない。

つまり、こういうことだ。不登校、非行といった問題を呈せずとも、何らかの辛さを抱えている生徒は多い。これらの生徒すべてが支援対象とすれば、ＳＣ一人では対処できない。それに、ＳＣは現行制度では、週に六～八時間で三五～四〇週勤務するというのが一般的な形態であり、学校に赴くのは週一、二回である。となると、それ以外の膨大な時間に起こる「問題」に対処することは物理的に不可能である。このような実情に鑑みれば、冒頭にあげられたようなＳＣイメージが現実的ではないことがわか

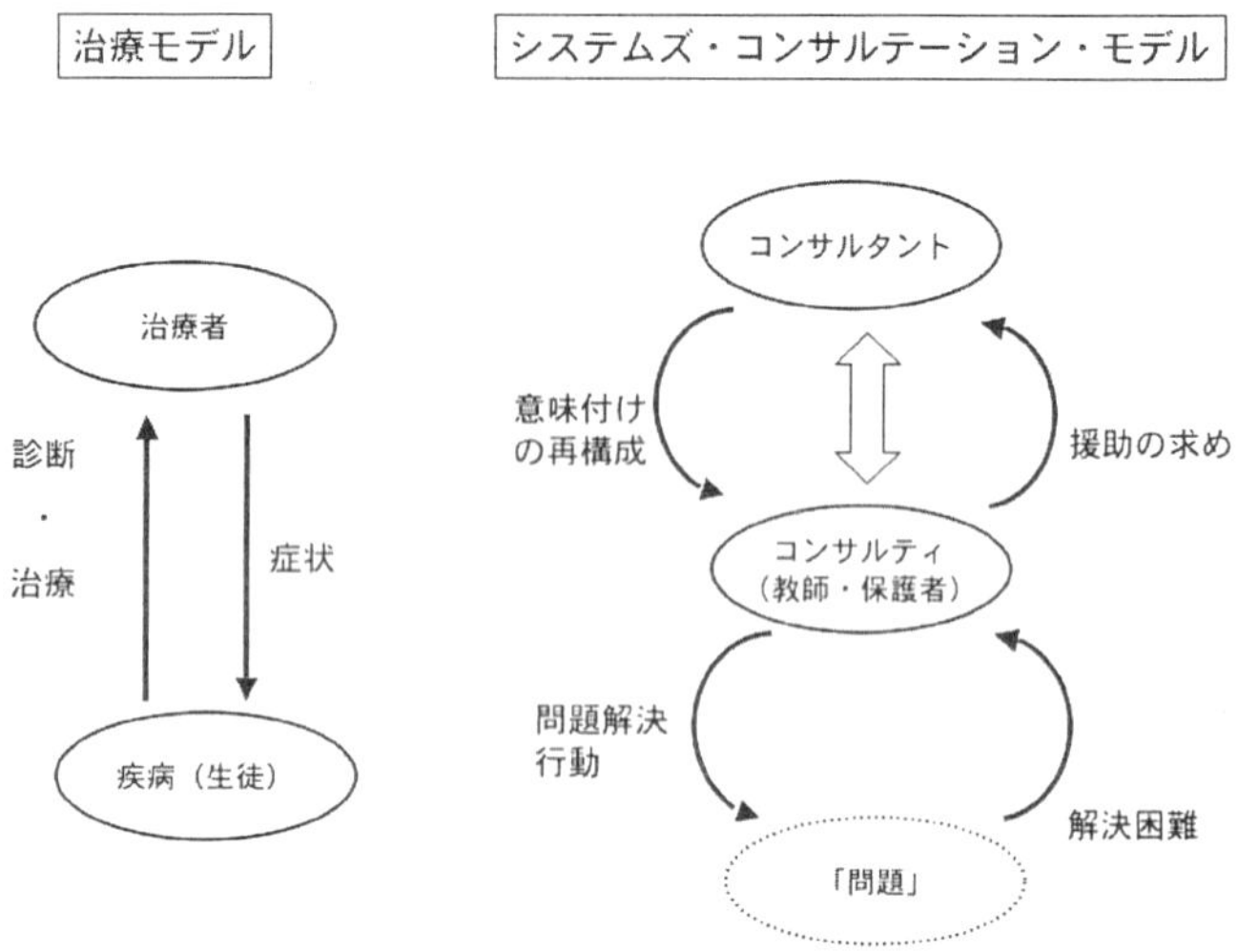

図1　治療モデルとシステムズコンサルテーションモデル
（楢林ら 1994 を参考に改変）

るだろう。

現在のSCの多くは、むしろ、教師と連携・協働することで、学校全体として生徒を支援するスタイルをとっている。そこでは、教師や保護者との「コンサルテーション」が主な仕事となる。これはSCと学校教師とが、異なる専門職同士、対等な立場で児童・生徒の問題について協議する。したがってSCは、**図1**のように、生徒の呈する「問題」に直接的に関わるのではなく、教師や保護者が、生徒／子どもと関わっていくうえで感じる「問題」を、教師とともに考え、生徒に間接的に良い結果をもたらそうとする（Caplan & Caplan 1993, Dougherty 2004、楢林ら一九九四）。本章では、そうしたSCの実践を紹介しつつ、生徒支援が、いかに学校の持つ傾向性に左右されるか、多くの人々の水平的関係がいかに密接に関わっているのかを解説する。

とはいえ、本章がめざすのは、ＳＣの個別的技法やシステムの紹介ではない。むしろ、それらを十分に機能させるために必要となる、学校を理解する視点を提示することである。そのため、以下では筆者が関わってきた中学校での事例を紹介する。ただし、これらは特定の学校でのエピソードではない。類似した歴史、文化を持つ学校でのエピソードを、論旨を損なわない範囲で結合したり、設定を改変したものであることをお断りしておく。

教師によって物語られる「学校」

ひと口に「学校」と言っても、その学校がどのような歴史を経ているのか、どのような地域にあるのか、どのような職員構成なのかなどによって、多様である。ＳＣが仕事をするうえで、このような学校の持つ独自性を踏まえることは有用である（たとえば、定森 二〇〇五、伊藤 一九九八）。

学校の特徴を、教師によって物語られる「物語」として理解してみよう。Ａ中学校は、問題を抱えた生徒が多くいるとされる学校であった。この学校での生徒指導では、「生徒」と「教師」という役割関係が築かれていることを前提にして生徒に関わってはいけないと語られていた。実際、教師と生徒との行き違いから、数年前まではひどい「荒れ」を経験したこともあったという。そこでは学級崩壊、生徒から教師への暴力も珍しくなかった。Ａ中学校は、落ち着きを取り戻した現在でも、この体験への反省から、生徒や両親に対して距離をとるのではなく、むしろ、みずから積極的に関わり、信頼関係を築くことが生徒指導上のモットーとされている。たとえば、生徒の起こした問題に対して、電話連絡ですむことであっても、家庭訪問し、保護者の顔を見て話すことが重視されるように、である。

また、教師同士の協力が不可欠であることも、どの教師にも深く理解されている。そのためA中学校の教師は互いに仲良く、一致団結しているという雰囲気を共有していた。その雰囲気はSCという、いわば外部者を受け入れる際にも感じられた。赴任早々、「松嶋先生もA中学校の一員」として接しようとしたり、積極的に飲み会などに誘ってくれたりもした。このように「大変な学校」「子どもとの密な関わりが大事」「教師同士の協力」といった語りが共有されているのが、筆者が赴任当初に感じたA中学校であった。

教師の「問題」を共有する

筆者は当初、教師からは「専門的な視点から見て、問題点があったらどんどん指摘してほしい」と言われていた。しかし、これに対しては、欠点を指摘するというよりも、各教員の率直なA中学校イメージや教員としての理念に耳を傾け、承認し、共有することに努めた。また、教師がすでにできている指導上の工夫を取り上げて肯定的に評価し、自信を持ってもらうことも心がけた。

A中学校の対応を、筆者が全面的に肯定していたわけではない。筆者には、教師から語られた「物語」は、確かに非行生徒への対応には合っているが、神経症的な傾向を持つ生徒、発達障害を持つ生徒への対応には合っていないように思われた。実際、こうしたタイプの生徒への対応が教員のストレスとなっていることも徐々にわかってきた。また、「子どもとの密で、積極的な関わりが大事」という語りは、教師が生徒の問題を「抱え込む」ことにつながり、教師のバーンアウト（燃えつき）を招く危険性もはらむと思っていた。

それなら筆者は、教師に嘘をついていたのかというとそれも違う。筆者はいつもこう考える。学校が現在のような状態でいるのは、筆者の目に「問題点」として映ることも含めて、多くの教師が、生徒に関わるなかで作り上げられたものである、と。A中学校の教師が持つ語り口やふるまいは、A中学校が「荒れ」を経験するなかで身につけたものだろう。この歴史を踏まえずに問題点を指摘しても、教師にしてみれば自分たちの頑張りを否定されたとしか映らない。A中学校の持つ問題点を認識しつつも、と同時に強みも活かし、なんとか目下の課題を乗り越える工夫をするしかない。

教師の語りを足場にする

具体的な事例をあげて説明しよう。Sさんは小学校の高学年から不登校となり、中学校に入っても「別室登校」となった生徒であった。別室登校とは、教室に入れない生徒を、緊急避難的にSCのいる相談室や、養護教諭のいる保健室に受け入れ、過ごさせるという仕組みである。Sさんは、当初は、担任の勧めで教室に入ったが、友人にからかわれたことがきっかけで相談室に登校する状態となった。多くの教師には、このSさんの態度から教師を嫌悪していることが伝わり、関わっていくにはしんどさを感じるとの感想が寄せられていた。

幸いSさんは筆者には好意的であった。ただし、その語り口は敬語であり、中学一年生の少女には似つかわしくない大人びた言い回しには違和感が残った。急なスケジュール変更には戸惑い、動揺する様子が見られることや、思春期の女性の趣味としては違和感を感じさせるもの（天気予想図や交通情報など）に強いこだわりを見せることから、筆者はSさんが「発達障害」であることを予想して関わったほうが良いのではないかという考えをもった。

Sさんにクラスの印象を問うと、担任への不満が延々と語られた。担任は、学校を休みがちな彼女が少しでもクラスに溶け込めるようにと、彼女のことをホームルームで話題にしたらしかった。彼女は、「先生は私のことをみんなに勝手に話してしまう。クラスメートはレベルが低いから、あまり関わり合いになりたくないのに」と、激しい口調で担任を批難した。筆者は、むやみに自分のことを話題にされるのを嫌がる気持ちは了解できたが、その一方で、教師の「思い」が読めていないことも、教師への嫌悪感の一因だと感じられた。

そこで、Sさん本人には、嫌なことがたくさんあるのに、ともかく登校できていることを評価し、相談室が居場所となるよう関わった。教師には、Sさんの対人関係上の特徴についての情報提供を行い、当面は、相談室でゆっくり関わるのが大事だと伝えた。その結果、担任教師も、彼女を強引に教室に誘うこともなくなった。Sさんも落ち着いてきた。

筆者は、Sさんが落ち着いてきたのを見て積極的に担任と三人で遊べる機会をもうけ、担任とSさんとの関係修復に努めた。担任にとっては、自分を嫌うSさんと会うことは、少なくとも当初はしんどい作業だったろう。A中学校の「子どもとの密で、積極的な関わりが大事」という語りは、担任の背中を押したのではないだろうか。また、みなで協力して指導に当たることを重視する語りのおかげか、担任をフォローしようとする教師が、Ａ中学校にはたくさんいたのも救いであった。次第に、Ｓさんの担任への態度は緩やかになり、関われるようになってきた。

教師の語りをときほぐす

前記の事例からは、一人の生徒の問題についてもＳＣ一人だけでやれることは少ないことがわかる。と同時に、Ａ中学校のような学校の物語を、他の学校の教師も持っているとは限らないことは容易に想像できる。たとえば、Ａ中学校がもし「問題生徒は教師には手に負えないから、専門機関に任せよう」という物語を持っていたり、あるいは「生徒への対応は担任が一人でやるべきで、他人に迷惑をかけてはいけない」というような物語を持っていたらどうだろう。ＳＣが発達障害の知識をもたらしたとしても、学校での取り組みに活かされる余地はなかっただろう。Ａ中学校の例を見ると、すべての学校を一括りにして論じることができないことがわかるだろう。

ところで、学校の「物語」は、学校内にひとつしかないわけではない。Ａ中学校になじむにつれ、筆者には、前述の「物語」が必ずしもすべての教師に一様に受け入れられているわけではないことがわかった。たとえば、「荒れ」を経験し、乗り越えてきた教師たちからは、「いつ逆もどりするかもしれない」という危機感がしばしば語られた。Ａ中学校を「大変な学校」と語るのは、そうした教師であった。一方で、新参教師は、古参教師の言う「大変な学校」という言葉を、実感を伴って理解することはできなかったかもしれない。

ワーチ（二〇〇二）は、ある文化は、そこで正統と見なされるひとつの大きな支配的物語（マスター・ナラティブ、あるいはドミナント・ナラティブと呼ぶ）を持っているのと同時に、そこから個々のメンバーは距離をとり、独自のスタンス（完全な同意もあれば、対抗もあるというように）を持っていると述べている。A中学校では「大変な学校」というマスター・ナラティブを持ちつつも、そこからのスタンスは様々である。A中学校の特徴は、それら諸スタンスが拮抗するなかで生み出されていると言える。

他方、ホワイト（二〇〇四）は、ある文化で支配的なナラティブの抑圧的機能と、そこからの解放の技法について論じている。なかでも、とりわけセラピストや教師といった専門職は、専門職らしく成長することと引き換えに、その人物の人生物語を薄っぺらなものにしかねないと警鐘をならす。たとえば、A中学校で見られた、「生徒に密に関わる教師」というイメージは、一般的には望ましいイメージとして受け取られやすい。そこで、ともすれば、それについていけない教師を排除する方向に機能してしまう。ある種の生徒にとっては彼（女）らが救いをもたらすとしても、である。このようにひとつの学校のなかにある教師個々のスタンスを調整したり、ドミナントな物語のなかで見落とされる点について目配りしたりしておくことが、SCには求められる。

教師の苦労をねぎらい、支える聴衆を集める

学校全体として生徒の問題に対応するために、近年、注目されるのは「チーム」での援助という方法

である(代表的なものとして、石隈・田村二〇〇三)。これは校内で、担任や、学年主任、生徒指導主任、スクールカウンセラーといった人々が集まり、コーディネーターと言われる教師を中心として、情報交換や、生徒のアセスメントを行ったり、ふさわしい処遇を決めたりするカンファレンスを行うことを特徴とする。

近年の学校は、仕事量の増大に伴い、教師は仕事を効率的にこなしていくために分業化、孤立化、小グループ化を進めており、このことが、他の教師が互いに問題を共有し、口出しをする機会を減らす結果になっている(秋田一九九七)。実際、何百人もの生徒を相手にした教師は、一人ひとりの生徒を丁寧に把握することは難しい。大規模校ともなれば、自分の所属する学年の生徒であっても、生徒の顔と名前が一致しないこともあると言われる。チーム援助は、こうした現状を踏まえて、教師の協働性や同僚性を学校に再び構築するための道具となり得る。

たとえば筆者は、これまでに、いくつかの学校でこのシステムの運営に携わってきた。そのなかではカンファレンスを経ることによって、子どもと教師、あるいは保護者と教師との関係が改善されていくことがしばしばあった。たとえば、保護者からの信頼が得られずに苦戦している担任のために、養護教論が保護者対応を引き受けるなど、チームで問題に対応することで、これまで膠着していたケースが一気に展開することがある。

もちろん、すぐに目覚ましい変化がもたらされるケースばかりではないが、そのような場合こそチーム援助の良さは表れる。すなわち、ケース会議が、教師たちのエンパワーメントに果たす役割は計り知れない。たとえば、長期化した不登校生徒を抱え、自分の指導力不足を責めていた担任にとって、カンファレンスに参加した多くの聴衆からねぎらわれることは、精神的に大きな支えとなる。実際、ケース会議の感想アンケートを求めると、「気持ちがずいぶん楽になりました」「自分のしていることを確認することができた」といった意見が寄せられることが多い。

ケース会議をやりとげる

もっとも、新しい制度を導入すれば、すべてが解決するわけではない。B中学の様子を見ていこう。この学校では、定期的に、不登校生徒の処遇を検討する会議が開かれていた。ある月の会議でのこと。コーディネーターから、「相談室」に登校する生徒は、個々に対応が難しいだけでなく、その数も多くなったことから、自分一人での対応が難しくなっているという苦しい現状が語られた。

そこである教師は、相談室の生徒をまとめるコーディネーターは大変だと共感的にコメントしたが、また別の教師（仮にX先生）は、自分が相談室で授業をしている経験からは、大変さは感じられないと発言した。同じ相談室にいて、同じ生徒を見ているにもかかわらず、その大変さについての認識に大きなズレがあることがわかる。

もちろんX先生は、コーディネーターの報告を軽く捉えているのではない。だから、その後、X先生は解決策を考えて提案した。ところが、コーディネーターや、このコーディネーターに共感している他の教員からは「それは無理」「それはできない」といったように、その有効性に疑問を投げかけ、効果を否定する声が相次いだ。と同時に、「現在の相談室の生徒は？」と、相談室の現状を繰り返し語った。

おそらくコーディネーターらにしてみれば、X先生が相談室の現状を理解しているとは思えなかったので、もっとよく理解してほしくて念入りに報告したのだろう。実際、コーディネーターは、相談室の実態が校内で十分理解されていないと、筆者に不満をもらすことがあった。一方で、X先生にしてみれば、自分もそうした生徒たちへの授業を行っていることから、事情は承知しており、コーディネーターらの大変だという訴えにも、応えねばならないとも思っていただろう。こうした気持ちを慮《おもんぱか》るならば、コーディネーターらの発言は、相談室に対してうかつなことは言えないとX先生に思わせ、腰を引かせることになったかもしれない。

SCから見れば、前記の認識のズレは、教師と生徒との関わり方の差を表しており、生徒の問題を多面的に捉える手がかりともなる。だから、どちらが正しいか決着をつける必要はない。幸いB中学は、結果的には議論が活発化し、コーディネーターの不満も少なくなっていった。しかし、それはあくまでも結果論だし、その過程でメンバーが感じるストレスは相当なものであることは確かである。SCは会議で、児童・生徒について専門的立場から助言するだけでなく、こうした教師のストレスを緩和し、両者のズレを調停する役割をとりやすいかもしれない。

あなたの問題わたしの問題、それが問題

多人数の立場のマネジメントが問題になるのは、学校内だけではない。学校と、地域にある数々の専

門機関（たとえば、病院、児童相談所など）との協働も、学校にとっては重要な課題である。

C中学校の例を取り上げよう。この学校は、生徒の問題行動が多く、職員室に地域住民から連絡が入ることが日常茶飯事である。ある日、学校の近所のスーパーの店主から、「おたくの生徒が店の前でたむろしているから何とかしてほしい」という情報が寄せられ、教師たちはすぐに現場に急行した。

しばらくして帰ってきた教師は不満顔である。ただし、暴れていた生徒たちに腹を立てているのではない。むしろ不満なのは、付近にいた警察の対応のようだった。というのも、教師がお店に到着したとき、生徒たちは店員と一触即発の状態であった。あわてて割って入ったものの、険悪な雰囲気が流れていたという。そのような場面を、警察官は遠くでただ眺めている。教師からすれば「見ているんだったら、もうちょっと注意するなどしてくれればいいのではないか」、と不満を持ったというわけである。

教師の不満はもっともだが、警察にしてみれば、ただ生徒が騒いでいただけのことであって「事件」ではない。警察が介入して事を荒立てるよりも、教師に注意してもらったほうが良いだろうとの判断があったのかもしれない（同様の例として、龍島・梶二〇〇二）。

もうひとつ例をあげよう。障害のある児童・生徒への対応に困った教師が、病院にアドバイスを求めても、両親の承諾がなければ情報を開示してくれないにもかかわらず、両親を通じ、病院の医師が、学校の対応を疑問視していることが伝わることがある。教師にしてみれば、これまでの自分たちの対応が間違っていたと、突然に知らされたようなもので気分が良いものではない。そもそも、学校側は問題を見過ごしているわけではなく、対応に苦慮しているのである。なんとか少しでも良い方向にいくことを願って努力しているにもかかわらず、一方的に批判されれば面白くない。個人情報を守らねばならないという病院の事情を了解できても、「不適切だと思っているなら、言ってほしい」「言ってくれたら直すのに」という感情を抱いてしまうことはあるだろう。

いずれにせよ、前述したように、何がどのような理由で問題なのか、誰がその問題に対して責任を持つべきなのか、大人の間にもズレがある。そしてそれらは、しばしば単なるズレにとどまらず、双方への不信感を募らせる契機となる。

インフォーマルな関係性がつなぐもの

教師たちの側でも、連携のための工夫はしている。冒頭で取り上げたA中学で生徒指導を担当するY先生は、「荒れ」のまっただ中にあったA中学校に赴任し、立て直してきたベテラン教員である。彼は、生徒指導を担当するようになってからの警察との連携について以下のように語った。A中学校のように校内暴力が頻発している学校では、教師だけでは対処しきれない問題もある。そのため警察と連携することが必要になるというわけである。Y先生は、そのために自分が行ったことを教えてくれた。

……警察署と連携しなければいけません。今まで警察はA中学を目の敵にしていました。荒れているし、いつもガラスが割れたりで、だらしない指導をして生徒が全然きちんとしていないと見られていました。しかし、警察署をこちらに向けないといけないので(中略)警察署へ行き、課長に会いに行きました。週一回、必ず無駄話をしに行って、顔をつないでおこうと思いました。

Y先生が行ったのは、警察に依頼文書を出したり、ケース連絡を行ったりするといった、いわゆる「正規ルート」にのった活動ではない。むしろ、「無駄話」のような、いわゆる「インフォーマルなつながり」に類することである。

こうしたY先生の連携のコツは、校内の人間関係に対しても及んでいる。A中学校の人間関係が良いことは冒頭にも述べたが、Y先生は「（僕が）来たときは最悪でした」と、この雰囲気がすぐに実現したわけではないと語った。以前は、生徒指導についての話し合いはあまりなされず、指導方針も学年ごとにバラバラだったという。Y先生はこれらと関連させ、次のようなエピソードを語ってくれた。

（A中学へ赴任した年の歓迎会でのこと。Y先生は同僚の先生を車にのせて会場にむかった。そのため到着が遅くなった）みんな待たせて申し訳ないと思って入ったら、もう宴会が始まっていたのです。「アレッ」と思って行ったら、「何をしていたのか今ごろ来て」と言われて、「これは僕らのための歓迎会じゃないのか？」と思いました。（中略）こんな学校は立ち直る前に教師集団を立て直さなければ絶対にダメだと思って、次の年に宴会部長に立候補したのです。

このような体験をきっかけとして、Y先生は「……いつも忘年会や新年会といったものを企画して、メンバーを集めて……要するに宴会部長」をみずから進んでやったという。現在のA中学校の雰囲気づくりにも役立っていると語った。『無駄話」「宴会」など、一見、教師の指導とは無関係に見えるインフォーマルなつながりも、フォーマルな場面での対人関係にも密接に関わっていることがわかる。こうした教師の協働を生み出すための知恵を、SCが活動の足場にできることは、冒頭のA中学校での事例ですでに述べたとおりである。

教師とSCの水平な関係がめざすもの

本章を通じて見てきたことをまとめると次のようになる。まず、SCの活動をとりまく関係性の複雑さである。SCの仕事は、心理学的に「正しい」子ども理解を持つSCが、持たない教師を啓蒙するという(トップダウンの)関係にはとどまらない。むしろ、SCが学校内でうまく機能できるためには、学校内の事情に合わせて、教師が持っている生徒理解と、みずからの生徒理解とをすりあわせ、ともに考えていくという水平な関係性をもたらすものである。これは、まさに「ボトムアップ人間関係論」の目標とも共鳴するものだろう。どのような関係が「協働」と呼べるのかについては、これまでにも多くの議論がある(Gutkin 1999, Schulte & Osborne 2003)。今後も、教師とSCとの関係性をめぐる概念整理をさらに進めることが求められよう。

また、SCの活動が定着していく過程では、変化するのはSCと教師との関係性にとどまらない。校内のチーム援助や、外部専門機関との連携エピソードのなかで見たように、もはやSCと教師という関係においてだけではなく、ＳＣが学校に参入することによって、同僚教師との間や、学校をとりまく人々との関係にも変化が起こってくる。このようにＳＣの果たす機能が、教師や、外部専門家との複雑なネットワークに依存しているのに関連して、ネットワークを形成する成員間の認識のズレや、それに伴う相互不信は、ＳＣの果たす機能を阻害するものとなりうる。

もちろん、認識のズレや葛藤が生まれること自体が、学校にマイナスな影響をもたらすものとは限らない。教師間での認識のズレが、その問題についてメンバーがより真剣に議論するきっかけをつくったり、生徒への対処をより明確にしたりするという意味で、ポジティブに作用することもある。ズレをめぐるどのような相互作用がネガティブな影響をもたらし、どのような相互作用が長期的にポジティブな影響をもたらすのか、今後、見極めていく必要があるだろう。

ＳＣと教師で、教師同士で、あるいは学校と専門機関の間でなされる協働を成功させるためのツールも必要になってくるだろう。現在のところ、「チーム」での援助のシステムや、それを成り立たせるためのツール（たとえば、援助シート）が考えられている。これらは、本来は、援助を効果的に進めるための道具となるべきものだが、人々がその道具にどのような意味を持つのかは、それが用いられる社会的文脈に依存している。したがって、これらの道具や制度が一方向的に実践を方向づけるというよりも、むしろ、実践を継続していくなかで、これらの道具や制度が、人々にどのような意味をもたらすのかを丹念に見ていくことも必要になってくるだろう。

引用参考文献

秋田喜代美（一九九七）、「実践の創造と同僚関係」、浜田寿美男・藤田英典・佐藤学・田中克彦・佐伯胖・黒崎勲編『教師像の再構築（現代の教育六）』岩波書店

石隈利紀・田村節子（二〇〇三）、『石隈・田村式援助シートによるチーム援助入門―学校心理学・実践編』図書文化社

伊藤亜矢子（一九九八）、「学校という『場』の風土に着目した学校臨床心理士の二年間の活動過程」『心理臨床学研究一五』六五九―六七〇頁

定森恭司編（二〇〇五）、『教師とカウンセラーのための学校心理臨床講座』昭和堂

楢林理一郎・三輪健一・上ノ山一寛・吉川悟・湯沢茂子（一九九四）、「学校現場におけるシステムズ・コンサルテーションの可能性―滋賀県での『さざなみ教育相談』の経験から」『家族療法研究 十一（二）』九九～一〇七頁

M・ホワイト著、小森康永監訳（二〇〇四）、『セラピストの人生という物語』金子書房

龍島秀広・梶裕二（二〇〇二）、「非行における臨床心理的地域援助」『臨床心理学 二』二二三～二三一頁

J・ワーチ著、佐藤公治・田島信元・黒須俊夫・石橋由美・上村佳世子訳（二〇〇二）、『行為としての心』北大路書房

Caplan, G. & Caplan, R.(1993), *Mental Health Consultation and Collaboration.* Wave Land Press.

Dougherty, M.(2004), *Psychological Consultation and Collaboration in School and Community Settings* (4th ed.) Wadsworth Pub Company.

Gutkin, T.(1999). Collaborative Versus Directive/Prescriptive/Expert school-based consultation. Reviewing and Resolving a False Dichotomy. *Journal of School Psychology*, 37, 161-190.

Schulte, A. & Osborne, S.(2003), When assumptive Worlds Collide; a Review of Definitions of Collaboration in Consultation. *Journal of Educational and Psychological Consultation*, 14, 109-138.

第3章　医療と教育の水平的協働関係の構築
――院内学級の現場から

谷口　明子

「院内学級」と言われて、一体どのくらいの方がその具体的な内容や状況を思い描くことができるだろうか。むしろ「そんなものあったの?」「病気なのに勉強させられるの?」、との驚きを感じる方が大半ではないだろうか。最近でこそ、テレビや新聞報道の影響で、入院中の子どもたちにも教育の機会があるという事実は一般にも浸透してきた。しかし、院内学級でどのような教育実践が展開しているのか、その実践が子どもたちの生活世界においてどのような機能を有しているのかに関しては、ほとんど知られていない。本章では、ある院内学級における教育実践事例を紹介し、ボトムアップな信頼関係づくりの営みが、医療と教育の水平的協働関係を構築していくことを再確認したい。

「院内学級」とは

「院内学級」とは、病をかかえ、日常生活とは異なる病院という場で長期間過ごすことを余儀なくされている子どもたちの学びの場である。院内学級における教育は、教育行政上は病弱・身体虚弱教育（以下、「病弱教育」とする）として、特別支援教育の一環に位置づけられている。対象児童・生徒の就学基準は、学校教育法施行令二二条の三によって規定されており、就学に当たっては、原則として学籍の移動、すなわち正式な転校の手続きが必要になる。子どもの疾患種は、気管支喘息、腎疾患、筋ジストロフィ、小児がんが代表的なものである。対象児童・生徒数は減少傾向にあるが、その背景には、入院の短期化・在宅療養重視の傾向により、普通校に学籍を置いたまま、教育を受けずに療養生活を送っている子どもが、相当数いることが考えられる。

では、このような入院中の子どもを対象とする教育は、いつごろから、どのようなかたちで始まったのだろうか。病を持つ子どもの教育がたどってきた道のりを概観してみよう。

病を持つ子どもに「院内学級」というオプションが登場するまで

わが国の近代的な公教育制度は、明治五（一八七二）年の学制頒布に始まるが、病を持つ子どもへの教育が法的な根拠を獲得したのは、実に、昭和三六（一九六一）年のことである。

第二次世界大戦中は、国家主義的理念の下、栄養状態や衛生環境の悪さに起因する虚弱児を対象とする教育のみが推進されたが（一文字 一九七四）、病を持つ子どもへの配慮は皆無であった。戦況悪化に伴い、虚弱児への教育さえ最終的には全廃という状況で第二次世界大戦終結を迎えた（文部省 一九八五）。戦後、民主主義思想にもとづいて制定された「教育基本法」「学校教育法」においてさえ、「病弱」であることは

表1　就学義務の猶予・免除規定の変遷（平原 1969）

法 令	就学義務の猶予	就学義務の免除
小学校令 明治19年4月10日 勅14	事由：**疾病**，家計困難，其他止ムヲ得サル事故 （府知事県令の許可）	なし
小学校令 明治23年10月7日 勅215	事由：貧窮，**疾病**，其他己ムヲ得サル事故（監督官庁の許可を受けて市町村長が）	
小学校令 明治33年8月20日 勅344	事由：**病弱**又ハ発育不完全 事由：保護者の貧窮 （いずれも，監督官庁の認可を受けて市町村長が）	事由：瘋癲，白痴又は不具廃疾
国民学校令 昭和16年3月1日 勅148	事由：**病弱**，発育不全，其他己ムヲ得サル事由（市町村長は地方長官に報告）	事由：瘋癲白癖又は不具廃疾（地方長官の認可を受けて市町村長が）
学校教育法 昭和22年3月31日 法26	事由：**病弱**，発育不完全その他やむを得ない事由 （監督官庁の定める規程により，都道府県教委の認可を受けて市町村教委が）	

＊注：表中の太字・下線は筆者による

就学義務の猶予・免除の理由とされ、学校教育の対象外とされた。平原（一九六九）による就学義務の猶予・免除規定の変遷（**表1**）に見られるように、病を持つ、もしくは病弱であることが、子どもたちが学校教育を受けない正当な理由として位置づけられていたのである。

国家発展の基礎として健康重視が唱道される情勢、すなわち病を持つ子どもはどれだけ将来のお国のために役に立つのかという疑問から、教育をする必要性が軽んじられていたこと、及び、当時の医学・教育関係者の多くが教育を行うことが病状に悪影響を及ぼすと考えていたことを背景として（加藤一九九五）、病を持つ子どもたちに対する教育は、長らく公的な位置づけを持たなかった。つまり、教育を受けるという選択肢は、病を持つ子どもたちには、制度上閉ざされていたのである。

とはいえ、戦前から増加を続けた結核児に対する教育実践が、各地の保養所や国立療養所の小児病棟において非公式ながらも始められていた。こうした草の根的実践の事実が行政を動かすことになり、昭和三六（一九六一）年、学校教育法第七一条に示されている特殊教育諸学校の対象のうち、「その他心身に故障のある者」が「病弱者（身体虚弱者を含む）」と改められ、病院への教師派遣も法規上根拠づけられた。「病弱者」、すなわち病を持つ子どもは、ここに至ってようやく学校教育の対象として、制度上の公式な位置づけを獲得したのである（全国病弱虚弱教育研究連盟・病弱教育史研究委員会 一九九〇）。

近年、治癒率向上から退院後の生活をも考慮した治療体制が望まれ、入院中のＱＯＬ（生活の質）向上意識の高揚と相俟って、入院中の子どもたちへの学校教育導入が進められた。平成六（一九九四）年には、文部省通知「病気療養児の教育について」が出され、従来は「入院中だから……」という理由の下、教育的援助を受けるというオプションを持たなかった子どもたちに、「入院中でも院内学級で学ぶ」という道が開かれたのである。

院内学級における教育実践――ボトムアップ・アプローチから見えてくるもの

院内学級では、実際にはどのような教育が提供されているのだろうか。ここで、ひとつの院内学級（以下、Ｚ院内学級と呼ぶ）における実践を詳細に検討しよう。

院内学級における教育は、対象児童の疾患種や隣接する病院の専門や医療スタッフの考え方などの影響を受けるため、各校独自の要素を持つと言われる。本章で取り上げるＺ院内学級は、入院児の義務教育に四〇年以上もの伝統があり、院内学級の草分け的存在として各種研究モデル校となることも多く、わが国の病院内教育の中核的存在である。また、病棟内の一角の一、二部屋で教育を行う院内学級が多いなかで、病院とは別棟の建物を持ち、特別教室等の学校設備を小規模ながらも一通り備えている。歴史が古いこともあってか、病院との協力体制も確立している。すなわち、院内学級としては、きわめて恵まれた学校環境にあると言える。

Z院内学級における教育内容は、障害の理解・克服をめざす「自立活動」の時間枠がある以外は、普通校同様の教科学習である。授業形態は、児童・生徒によっては学習空白があるため進度が一定しないことや、子どもたちが地域の学校（＝子どもが入院前に通っていた学校のこと。前籍校とも呼ばれる）で使用していた教科書が必ずしも同一ではないことから、個別指導的要素を取り入れた柔軟な対応がとられている。同じ教室内で異なる教科書を使って個別に学習が進められることもある。こうした学習指導が教育実践の中核をなしていることは、学校である以上、ある意味当然のことと言える。しかし、そのあり方がきわめて柔軟であること以外にも、Z院内学級における教育実践には院内学級ならではの独自の機能があると考えられた。次のエピソード事例をご覧いただきたい。

エピソード1（エピソード中の氏名はすべて仮名）

日付　X年一〇月　　場所　体育館

内容　全体養訓（＝小学部・中学部全学年合同授業）・歌とゲーム「あてっこゲーム」

人物　中村先生（三〇代女性）・田森先生（三〇代女性）・子どもたち

真保先生のギター伴奏で「まっかな秋」と「とんぼのめがね」を全員で歌ったあと「あてっこゲーム」となる。「あてっこゲーム」とは、二台の卓球台をたたんだ状態で立てたまま少し隙間をあけて横に並べ、それぞれの台の陰に一人ずつ教師が隠れ、右の台から左の台へ隙間を通るように何かモノを投げ、子どもたちは、その隙間を通る一瞬の影から、投げたものが何だったかを当てるというシンプルなゲームである。二チームに分かれ、チーム対抗という設定で行う。

課題そのものが容易であることもあり、低学年の男の子たちは「ハーイ、ハイ！」と元気よく手をあげる。

中村先生（↓全員）「チームごとに相談してー」

と指示を出すが、あまり効果はなく、子どもたちの間で相談らしきものはまったく成立しない。また「ハイ、ハイ」とそれぞれ手をあげるので、

中村先生、再度（↓全員）「みんなで（低くて太い声色に変えて）そーだん」

と全員に向かって促すが、それぞれの子が、個別に、最寄りの教師に答えを耳打ちしただけで、子ども同士の相談はやはりない。

田森先生「きみたちは相談しないねー」

と苦笑まじりに、誰にともなく言う。

（中略）

Aチーム、相変わらず相談はなく、先生と子どもとの一対一の相互作用のみである。

田森先生（↓全員）　「相談して。そ・う・だ・ん」

とはっきりとはたらきかけるが、効果はない。

エピソード1において、教師たちは、すぐに大人との一対一の関係でものごとを処理しようとする子どもたちに、子ども同士で「相談」するよう複数回呼びかけている。院内学級の子どもたちは、入院という医療的措置のために寄せ集められた集団である。転出入も随時行われ、通常の学級集団のように長期間活動をともにすることで育つ、子ども同士の連帯感や人間関係は育ちにくい状況にある。また、子どもたち本人も、治療や環境変化への対応にエネルギーを使い果たし、自分から友達関係を築くアクションが出ないこともある。こうしたなかで、どうしても少なくなりがちな子ども同士のやりとりを活性化させ、仲間関係を育てようとの意図で、この実践がなされたと解釈できる。つまり、子どもと子どもの間に〈つながり〉をつくる援助が展開しているのである。

さらに、次のような実践もある。

エピソード2（エピソード中の氏名はすべて仮名）

日付　X年一月

場所　体育館

内容　全校・ゲーム「カルタとり大会」
人物　三宅と広岡(両名とも小一・男子・整形外科的疾患)・
　金田先生・水戸先生・数野先生

普通のカルタのあとは、「ばらまきカルタ」である。「ばらまきカルタ」は、体育室のバスケットコートの白線内側いっぱいにカルタをばらまき、走りながら札を探すというルールで行うカルタである。

金田先生(→全員)「じゃぁ、三回目は少し身体を動かします。この白いビニールテープのなかに、カルタをばらまきます」

子どもたち「エーッ!」

金田先生(→全員)「身体を使って探して下さいね。広岡君は数野先生が(車椅子を)押してくれます。三宅君はね、じゃ、先生(=金田先生)が押します。自分でこがないで、探しましょう」

水戸先生、すっと姿を消し、車椅子を使用している二人に長さ一メートルの竹製ものさしを持ってくる。これがあると右図のような感じで、カルタ札をものさしで指すことができ、車椅子でも参加しやすくなる。

水戸先生(→広岡・三宅)「車椅子の人さー、これ使ってやるといいよ」

車椅子を使用している二人、ものさしを使ってばらまきカルタに参加する。

エピソード2に示された実践は、補助的道具（しかも、本来の用途は別にある）の提供という教師のとっさの工夫が子どものハンディをカバーし、授業への参加を援助しているものと考えられる。通常の「ばらまきカルタ」の課題状況では、車椅子を使用している子はカルタを見つけて床にばらまかれたカルタ札の上に手をついてとることができない。エピソード2に示したように、全長一メートルの竹製ものさし（通常は家庭科で裁縫の授業時に使うもの）を指差し棒として使うことで、体育館のフロア上にばらまかれたカルタ札をとる「ばらまきカルタ」にも、車椅子に乗りながら参加可能になっている。また、紅白二チームに分かれた子どもたちが籠を背負い、相手チームの子どもの籠に自チームの色の玉を入れるという通常の「追いかけ玉いれ」に、「教師が籠を背負って走りまわり、子どもたちは移動しない」という一工夫を加えることで、車椅子や点滴のため自由な移動が制限されている子どもの参加が可能になっているエピソードも観察された。このようなエピソードは、子どもの障害が教育場面でハンディキャップとして浮上しないよう一工夫することで、通常の活動様式のままでは院内学級での活動へ参加できない子どもを院内学級の活動と「つないで」いると言えるだろう。

教師たちのつなぎの援助は、院内学級のなかだけで展開しているのだろうか。次の院内学級教師の語りを見ていただきたい。

学級通信とか、あー地域の子どもたちにもってきてもらえるようにしてもらえますかみたいなね、あのぉそうするとお母さんも安心するし、子どもも。こっち側（＝院内学級）に直接送られると、どうしても僕から渡すことになっちゃうから、そうするとつながりとして薄くなっちゃうから、できれば。うん、お願いしてます。（中略）学級通信一枚でいいんですよ。そんなお手紙なんかいらないですから、つながり下さいっていう風には、してますけどね。（三〇代男性）

学級通信という、通常なら「ちょっとした学校からのお知らせ」程度の意味しかもたない文書一枚が、入院中の子どもにとっては、地域の学校との「つながり」を確保する重要な架け橋となりうるという教師たちの認識がこの語りからうかがえる。足立（二〇〇三）は、院内学級が持つ地域の学校との「橋渡し」機能を指摘しているが、先の語りにも、「つながり」という言葉によって「橋渡し」機能が表現されている。教師たちの地域の学校への働きかけが、途切れがちな地域の学校と子どもとの関係性を確保していると考えられる。

ほかにも、病棟看護師に院内学級での出来事を口頭で伝えて、病棟での配慮をお願いする、あるいは、教師が積極的に病院に働きかけて情報交換を行うことで、病院との関係づくりをしたり、また、病棟へこまめに顔を出すことで、お見舞いに来ている保護者との信頼関係を構築したりといった多様な「つながり」づくりの実践が展開している。

病院・家庭・地域の学校、そして院内学級が、入院児の生活世界をサポートする資源であることは言うまでもない。つまり、院内学級における教育実践は、「入院中でも勉強を教える」だけではなく、入院児を取り囲むサポート資源間の「つながり」をつくり、入院児へのサポートが円滑に提供されるよう、資源間の関係性を整えていると考えられる。このような「つながり」づくりという教育実践の機能は、はっきりとは見えにくいが、入院児にとって重要な意味を持つ援助と言えるだろう。

院内学級による「つながり」づくりの背景

では、院内学級教師たちが「つながり」をつくるべく奔走する背景には何があるのだろうか。教師たちの語りを見てみよう（語り中の傍点は筆者による）。

　戻る地域の小学校とは、つながっていたいっていうのが、やっぱりありますよね、だから向こうの小学校のお知らせですとか、そういうものを、なるべく送ってもらうように。兄弟がいると一番いいんですけどね。いなくても、お母さんが顔をつないでおく、熱心な方は受け取りにいらして、直接行って先生とお話をして、プリントをもらってくるっていうようなことも、中にはいらっしゃったみたいですけど。中々ね、お母さんに時間的余裕が（ない）、面会にも来なくちゃいけませんから。
（四〇代女性）

この語りから、子どもの入院によって時間的にも精神的にも余裕がなくなり、子どもと地域の学校との「つながり」を確保することまで手が回らない家庭の姿が浮かんでくる。家庭が自力で「つながり」を確保できれば、教師が「つながり」をつくるという援助を行う必要はないのだが、現実には家庭にそこまでのパワーと余裕を期待できないことがわかる。同様に、病院や地域の学校に関しても、「多忙」という言葉で余裕のなさが指摘される。

（病院と院内学級の連絡会議について）そうね、一応打ち合わせして、こんな議題でやりましょうっていうね、やりましょうっていうのは、セットするのはこっちがみんなセットするんですよ。ええ、向こうがセットしてくれないからね。向こう（＝病院）は忙しいからね。議題はこっちがみんなセットするんですよ。……こちらが申し立てないと何も動かない。（五〇代男性）

普通校っていうのはものすごく忙しいんです。だから、あの、その相手の方（＝地域の学校の担任教師）をつかまえるっていうのが大変なんですよね。（五〇代女性）

向こうの先生が意欲的で、こちらにも連絡をよくくれたりすれば別ですけど、だいたい往々にして、連絡しない限り連絡はしてこないので、連絡こちらがしないとずーっとしないままみたいになっちゃうことがほとんどで。一応電話すれば気にかけてたんですよみたいな話になりますけど、連絡がほとんどないのが通常ですから、ま、向こうの方が子どもも多いし、（中略）そうするとやっぱりあまりこう負担になることはやりきれないというようなところはありますねー。（三〇代男性）

病院も地域の学校も、援助への意欲はあっても、その多忙さ・余裕のなさからどうしても援助資源同士の連絡まで手が回りきれないままになってしまいがちという現状が、この三つの語りからうかがわれる。この多忙さゆえに、院内学級教師たちが積極的に「つながり」づくりを行う必要があることが、「多忙だから仕方がない。こっちからもっと積極的に行くしかないかな。(三〇代女性)」との一言に端的に表されている。

さらに、当の入院児の「低エネルギー状態」を、院内学級教師たちによる「つながり」づくりの援助の重要な背景要因として指摘したい。子どもたちの姿は、「自分の病気で頭がいっぱいで余裕がない」「(治療や病棟での気遣いで)エネルギーを使い果たしている」といった言葉で、院内学級教師たちからは語られている。多くの子どもたちは、入院という措置によって切れがちな関係性や、新たに構築すべき関係性を整えるべくみずから進んで動くだけのエネルギーに乏しいという点において、院内学級教師たちが「つながり」をつくる必要性が生じると考えられた。

家庭・病院・地域などの多方面との連携は、院内学級における教育の課題として、必ずあげられる。しかし、あえて課題として提起されることからもわかるように、現実には、入院児の生活環境は関係性がとぎれがちであり、サポート資源同士の円滑な協力体制も整っているとは言い難い状況がある。

外国ってあれですよね、あの、プロフェッショナル同士で。だから逆に専門の領域がきっちり分かれているような感じで、きちんと連携をとってて、でもここは私の専門外だからっていう感じできっちりできてると思うんですけど、日本はそうじゃなくって、なんかそののりしろが必要なのかなっていう。重なる部分が必要なのかなっていう気がするんですけどね。（三〇代男性）

この教師の語りに見られるように、多方面の援助がなんとなくうまく機能していないことを院内学級の教育の問題点と感じている。各サポート資源は、協力体制をつくるべきとの意識はありながらも、「多忙」や「余裕のなさ」を理由として、自分から連携の手をさしのべるのはどうしても後回しになってしまい、結果として関係性が希薄になっていると言えるだろう。その途切れ途切れの関係性を子ども本人に代わってつなぎあわせ、「のりしろ」をつくるべく機能しているのが、院内学級の教育実践ではないだろうか。

医療と教育の水平的協働関係構築へ向けて

前述のように、草の根レベルから徐々に広がりを見せている病院内教育だが、現実には、その拡大はすんなりとは進んでいない。その第一の要因は、院内学級というオプションの存在が知られていないことがある。筆者が二〇〇四年度と二〇〇五年度に、医学部二年生に行ったアンケートを見てみよう。二〇パーセントの医学生が「院内学級」という言葉さえ知らず、「名前だけは聞いたことがある」程度という学生を含めると、実に六〇パーセントにのぼる。さらに、「ドラマや新聞で見たことがある」と答えた医学生のほとんどが、その制度的背景や教育の実際については、まったく知らなかったと答えている。

表2　医学生による院内学級の認知度

	全然知らなかった	名前だけは聞いたことがある	ドラマや新聞で見たことがある	個人的に関わったことがある
2004年	18.6%	28.8%	45.8%	6.8%
2005年	21.1%	46.7%	28.9%	3.3%
計	20.1%	39.6%	35.6%	4.7%

医学生にさえ情報があまり浸透していないことを考えると、院内学級というオプションの存在を知らないがゆえに、多くの入院児が院内学級で学ぶ機会を逸している可能性がある。地域の学校の担任教師からその存在が保護者や子どもたちに伝えられる伝達システムの構築など、存在情報伝達経路の確保が解決すべき課題のひとつとなるだろう。

第二の要因は、「学び」に対する考え方である。「入院中ぐらい勉強は勘弁してあげたら……」(世間一般)、「もう余命いくばくもない子どもに教育を受けさせても無駄ではないか」(行政側)との声は未だに耳にする。こうした声は、ただでさえつらい思いをしている入院児に、勉強のようなつらい追い討ちをかけるなんてとんでもないという、「学び」イコール「つらいもの」という学習観を反映している。また、命が限られている子どもに教育は無用であるという考えの背後には、前記のような狭い学習観に加え、「学び」は将来のためのものであるという学習観がある。しかし、入院児たちは、「院内学級で楽しいこと」として、「苦手な勉強ができるようになる」「皆と遊べる」「友だちと会える」ことをあげている(伊藤・中橋一九九九)。子どもたちにとって、「学ぶ」ことは、決して苦痛なだけではなく、「勉強ができるようになる」ことは楽しいことであり、ともに学ぶ仲間や学びを支える先生との出会いの機会を提供しているということを今一度思い出したい。

そして、「学び」は将来のためだけではなく、子どもの「現在」を輝かせるものでもあることも改めて考えたい。退院間際の子どもたちは、院内学級にいたから「(地域の学校ではできない)ドラムの練習ができて良かった」と自分なりに時間を過ごすことができたことを語っている。一人病棟のベッドで過ごすのではなく、「院内学級で学ぶ」という活動そのものが子どもの「現在」を支えているのである。院内学級は、子どもが「△病の○○ちゃん」ではなく、一人の児童・生徒に戻れる場でもある。ここに、残り少ない命の子どもも、ただ、ベッド上で天井を見て時間を過ごすのではなく、「学び」を通してその子らしい時間を過ごすことの大切さを見ることができる。

子どものストレスが問題視される昨今、「学び」や「勉強」は時に悪玉視されることもある。院内学級の教育実践は、「学び」が本来的には楽しいものであり、将来のためだけではなく現在を輝かせるものでもあるという教育の根本を、われわれに思い出させてくれる。

院内学級は、基本的には教育の場ではあるが、教育と医療の間に位置する実践の場である。これまで、院内学級の教育実践が、入院児を囲むサポート資源間の「つながり」づくりの機能を持っていることを指摘してきた。エピソード事例や教師の語りからわかるように、この「つながり」は、顔と顔レベルのインフォーマルな人間関係をベースとしたものである。このインフォーマルな「つながり」によって、入院児の生活世界やサポートネットワークが、目に見えない糸でつながれるように整えられていくと言ってもよいだろう。

医療における協働的なチーム医療の重要性はつとに叫ばれながらも、互いの専門性の違いや多忙を理由とした相互理解不足などから、その実現は難しいという現実がある。院内学級の実践は、地道な「つながり」づくりの実践の積み重ねが信頼関係を築き上げ、入院児を援助する専門家同士という水平的な協働関係を生み出すことを示している。顔と顔レベルの信頼関係をボトムアップに作り上げていく、このことが、患者の生活・人生のなかに医療を位置づけた他職種とのチーム医療へつながっている事例とも言えるのである。

「院内学級で学ぶ」というオプションは、入院児へ学びの機会を提供するだけではなく、入院児をサポートする専門家集団の水平的協働関係構築という意味も有するのである。

引用参考文献

足立カヨ子(二〇〇三)、「『橋渡しの学校』としての役割—前籍校との多様な連携を試みて」『SNEジャーナル九(一)』四二—五四頁

伊藤良子・中橋富美恵(一九九九)、「院内学級に通う児童のストレスの実態と心理的ケアについて—全国実態調査の結果から」『発達障害研究二一(三)』二二九—二三四頁

加藤安雄(一九九五)、「病弱教育の歴史的変遷」『教育と医学四三(七)』一三—二一頁

全国病弱虚弱教育研究連盟・病弱教育史研究委員会編(一九九〇)、『日本病弱教育史』日本病弱教育史研究会

二文字理明(一九七四)、「わが国における病弱虚弱教育制度の成立」『大阪教育大学紀要第二三巻』(第Ⅳ部門)、一六一—一六九頁

平原春好(一九六九)、「日本における障害児教育の行政」『教育学研究三六(一)』九—一八頁

文部省(一九八五)、『病弱教育の手引—指導編』慶応通信

全国病弱虚弱教育研究連盟・病弱教育史研究委員会・編(一九九〇)『日本病弱教育史』日本病弱教育史研究会

第二部　環境・福祉・法

——水平的人間関係のための制度設計

第4章　障害者施策のフィールドで水平的関係を媒介する
――研究者の役割とジレンマ

田垣　正晋

本章では、障害者施策のフィールドにおける研究者の役割について、みずからの発言をもとに考えてみたい。主な題材は、筆者が六年近く関与している自治体の障害者施策の支援である。

一　施策現場に求められる研究者とジレンマ

1　人文・社会科学の研究者の施策現場への関わり

今日、筆者のような人文・社会科学の研究者が、みずからの研究知見を持って、施策現場に貢献することは社会的にますます求められている。政府、都道府県や市町村の審議会の委員を研究者が努めることは、論文執筆や教育と同等の仕事と見なされ始めている。かつて、研究者が施策に関与すると、行政の意向に沿う御用学者というレッテルを貼られかねなかった。だが、施策への関与は、学問の自主性を損なうような行為どころか、研究者や研究機関を評価する目安になり始めている。

研究者が施策に関与する背景には、大学と自治体の利害が一致しているということがある。大学が学外から研究資金を獲得せねばならなくなっていて、自治体からの調査研究を受託したいという事情もある。自治体は、コンサルティング会社に調査研究を委託すると、「コンサル任せ」という批判を受けるが、大学に依頼した場合には官学連携の好事例として肯定的に捉えられる。市町村の業務の種類も量も増えるなかで、自治体職員だけでは遂行することができず、外部の専門家の力を借りざるを得ないのである。三〜五年程度ごとに人事異動があるため、自治体職員が知見を積み重ねるやいなや、別の部署に異動してしまうのである。

2　制約内対処型という関わり——制約がありながら次善策を考える

だが、研究者は行政、住民といった施策関係者との利害の調整に悩む。研究者の施策への関わり方は、私見では、同意型、反対型、制約内調整型に大まかに区分できる。同意型とは、研究者が行政の提案を追認し、代替案を出したり、反論をしたりしないというものである。このスタイルをとる研究者は「御用学者」という批判をしばしば受けると同時に、行政から警戒心を持たれないので、行政の事情に詳しくなる。反対型とは、行政の提案に基本的には賛成しかねるというものである。こういう研究者は審議会にはあまり呼ばれない。制約内調整型とは、自治体が設定した枠組みを変えることはできなくても、制約のある範囲で、より良いことをする、というスタイルである。研究者は行政と住民双方が受け入れやすい提案を見つけようとするものの、双方の利害調整に苦労する。

3　施策に関わる研究者のジレンマ――障害者分野から

筆者は制約内調整型というスタイルに依拠している。このような関わり方に帰結した事情を説明しておこう。筆者は、職場の義務として委員会に参加するようになったが、障害者心理の研究を専門にしてきたので、福祉施策の知見は、せいぜい大学学部生レベルだった。

また筆者は、研究者は行政と緊張関係を保ち、常に住民や障害者の意向が実現するよう努力をするべきと考えていた。行政が、「予算がない」「上級官庁の認可がない」「前例がない」という理由から住民の要望を拒絶するのは、言い訳と考えていた。

だが、委員になって一年ほど経つと、行政、住民それぞれに固有の立場があることがわかり、その関係を熟慮することにした。そもそも行政、住民それぞれは一枚岩ではなく、むしろ行政内、住民間による利害調整が必要になる。行政において、国、都道府県、市町村、さらに障害者福祉担当、教育担当、財政担当というように、どの部署の職員かによって、目標や関心は異なる。住民も同様である。障害者施策領域においては、障害者本人、家族、これらのいずれにも当てはまらない人という違いのほかに、障害の種類や程度による違いがある。特に、身体障害者、知的障害者、精神障害者という違いは大きい。たとえば、精神障害者は、身体障害者や知的障害者と比べると、福祉サービスの整備が遅れているとして、特別な充実を望む。だが、身体障害者や知的障害者は、「自分たちへのサービスも不十分である」として、精神障害者と同様の充実策を望む。したがって、行政―住民という二項対立の図式は、単純すぎるばかりか、住民の要求を行政にのませることだけにエネルギーを注ぐのは、研究者の仕事ではないと、筆者は考え始めた。

二　A市障害者施策住民会議における筆者の役割

1　A市障害者施策住民会議とは

A市における障害者施策住民会議を例にして、筆者の関与の具体的姿を説明する。A市は官公庁の出先機関、交通の要所になっていることから、周辺市町村の政治経済の中心地になっている。A市は、二〇〇二年度にA市障害者基本計画を策定し、二〇〇三年度からそれを実行した。障害者基本計画とは、五年から一〇年を期間として、福祉、教育、雇用、人権等、障害者に関連する全施策の見通しを定めたものである。A市は、計画策定に当たり、A市の障害者に対する質問紙によるニーズ調査、障害者団体の会員との話し合いを行った。

住民会議では、二〇〇二年中の審議会における意見交換や、障害者からの意見の収集が不十分だったことを反省して、行政と住民が、それぞれできることを踏まえて、具体的な活動をしていくことを目標とした。住民会議は、二〇〇三年九月から始まり、A市が周辺の自治体と合併するために、二〇〇五年三月に終了した。構成メンバーは、座長（障害者基本計画策定の策定委員、医師）、副座長（社会福祉士と作業所職員）障害者、障害者の家族等だった。

筆者は、二〇〇二年度の障害者基本計画策定委員会に学識経験者委員として参加して以来、同委員会や住民会議においてきわめて積極的な提言を行ってきた。筆者は、今はA市とは別の市に住んでいたが、A市出身だった。なおこの事例は、障害者施策に関する住民会議を事例にしたアクションリサーチとして進め、研究者向けの学術雑誌にて報告をしている（田垣二〇〇七）。

2　伝達的発言と提言的発言

筆者の発言は、会議の逐語記録をもとに整理してみると、障害者施策の説明や、住民会議の先行事例の説明といった伝達的発言のようなものから、住民会議中の発言の促しのように、メンバーの判断や意志決定に開かれている提案的発言に大きく区分できる。

筆者の立場の言明　筆者は、A市とは別の地域において住民会議の企画進行に関与していること、A市出身であること、身体障害者であることを、メンバーに非常に明確に提示した。このような言明は、研究者という肩書きだけで、「実践ができない」「地域の実情に疎い」「障害者の生《なま》の体験を知らない」という批判を避けるためである。次の語りは、第一回住民会議における筆者の自己紹介である。（以下に引用した発言は、読みやすいように実際のものを加工している。また、引用最後の「第〇回」とは、何回めの住民会議の発言であるかを示している）

他の地域の住民会議の中心人物としてやっています。高校までずっとＡ市に住んでいました。少し私事ですけど、自分がこちらの手が動かないという身体障害者のため、地元で少し頑張らしていただくことになりました。（第一回）

住民会議の機能の説明（住民の見解の支持と意義〔期待される成果〕の言語化）　筆者は、二〇〇二年一一月の障害者基本計画策定委員会において、Ａ氏（住民会議の座長になる）が住民会議の設置を提案したことに対して賛意を示しつつ、住民会議の機能や意義を示したので、住民には、会議の模範例として受け止められていただろう。

Ａ氏がおっしゃった住民会議、僕も賛成です。賛成の理由というのは、まず障害者を含めた市民・行政・専門職など定期的な会合を通じて市民がすることと、行政がすることを明らかにできるからです。……定期的に当事者の方、親の方との話し合いを持つなかで、当事者のほうから何かつくっていこうという姿勢が出てくるのかなと思います。

国の制度の動向の説明　筆者は国の施策といった制度の動向を説明している。単なる伝達と、行政の事情の代弁という意味合いがある。以下の引用は、Ａ市が周辺の自治体と合併する、二〇〇七年度以降のことに関する説明である。傍線部は、A市が国の方針に従わざるを得ないことを示している。筆者はこの発言をA市職員から依頼されてはいないが、結果的には行政側の事情を代弁したことになる。A市職員が同じことを説明すると、メンバーから「行政の事情は住民に関係ない」という批判が出かねなかっただろう。

筆者　みなさんご存じだと思いますけど、二〇〇七年度から障害者基本計画を絶対つくらなきゃいけないって法律になったのですね。さらに障害者のサービスを扱う障害福祉計画もつくらなければならない。ですから逆算していきますと、二〇〇六年度中にこの新しい障害者基本計画を、数値目標を含めて書けないと国のルールに従えないっていうのがあるんですね。

メンバー　でもそれほど(国の制度にA市の施策が)縛られないんじゃないんですか？

筆者　いや縛りがきついです。

A市職員　国のほうから、われわれのスケジュールとは別に、障害者基本計画はこうしなさいということがはっきり示されている。(第一二回)

会議の運営方法の提言　次の引用では、筆者は住民会議の運営方法について、会議の趣旨からして、議論は障害者自身、障害者団体、福祉関連団体、行政それぞれの役割を明らかにすることを提言している。筆者は次回会議において、今回の会議のフリーディスカッションを続けるか、今回の議題の主たるテーマ（傍点部）を深めるかを、メンバーが次回までに考えてくる必要があると指摘している。「よその町では」という表現は、この手法が筆者の学術的見解だけではなく、実例にもとづいていることを示している。審議会においても同様の発言をしていたことを明確にすることで、唐突な提案ではないことを示している。

よその町では、問題点や課題を整理したら、障害者がやること、ほかの団体やグループの協力、役所の方のお力が必要だと思うのです。これは審議会（策定委員会）でも何度も何度も申し上げていたように、われわれ、当事者、市民のほうがうまくやれることはたくさんあると思います。……（次回の会議では）選択肢としてひとつは、今回のフリートークの具体化、補足か、それとも、今回の話、特に啓発とバリアフリーとネットワークに焦点を当ててしまうのかです。みなさんが（どちらにしぼるのかを）決められたらよい。（第二回）

策定委員会、住民会議運営の評価（肯定的側面と課題の指摘）　筆者は、会議運営を批判的に捉えていたが、直接批判するのではなく、肯定的な面を最大限見つけ、問題は「課題」として指摘している。

たとえば、二〇〇二年度の聞き取り調査や質問紙調査を丁寧にしたことを高く評価しつつ、その分析結果を活用しきれていないこと、そして策定委員会の体制上やむを得なかったことを指摘している。また、住民会議を持ったことを肯定的に評価したうえで、役割分担の課題を指摘した。

障害者団体やボランティア団体とか障害者の家族の会に集まってもらって、（聞き取り調査をして）、アンケートをこれだけ丁寧にやったことには、「おお、A市なかなかやるな」って正直思いましたよ（肯定的評価）。

だけど、障害者計画策定のときにアンケートや聞き取り調査をやったのはいいけど、（分析結果を活かしきれてないというのは事実だと思います。残念ながらそれを議論するまでの力がなかったっていうか、時間がなかった。普通、こういうこと（調査の企画と分析）は業者がけっこう手伝ってくれるものなんですね（課題の指摘）。ただ、五〇〇万、四〇〇〇万円かかる。われわれ委員と行政とで自前でやったので、分析結果を活かしきれなかったところがあったんですよ（課題が出たことはやむを得ないので、職員を責めていないというメッセージ）。（第七回）

A市のような田舎で、住民会議をやったのは良かったと思います。一方でやっぱり会議の運営ですね。誰が議事録をつくるのかといった役割分担をはっきりさせておけば良かった。（第一二回）

考え方（障害者問題へのアプローチの仕方）**の提案**　筆者は、住民会議の議題に対するアプローチを、メンバーと違った視点から指摘した。筆者は、いわゆる縦割り行政をなくして、福祉部門以外の組織においても対応したほうが、施策推進にも、市民一般の障害者問題への認知を深めるためにも良いことを示そうとした。この発言は提案であり「絶対にこのようにしなければならない」という指示ではない。

障害者問題は障害者問題の範囲だけじゃないと思うんですよ。たとえば精神障害の人に対する偏見とかって、教育の話にも出てくると思うんですけど。福祉のことを市民の方に考えていただくには、地域福祉計画、総合計画に関係すると思いました。（第一二回）

実現できることの提示　筆者は、限られた時間で実現できることを提案するようにしていた。メンバーは住民会議の期間が長くなっても、具体的な成果を出せていないことに対していらだちや無力感を持ち始めていた。そのとき、メンバーがアンケートや聞き取り調査を再度して、障害者の実情を明らかにしようとした。

筆者は、アンケートや聞き取り調査には綿密な準備を要するので、時間的に困難であることを指摘したうえで、二〇〇二年度にした調査の結果を全員で検討することを提案している。また、傍点部のように、筆者の提案は、メンバーの意見にそぐわない部分があるとしても、結果的には、メンバーの目標に合致した成果が得られることを指摘した。つまり、メンバーの提案に対する代替案を出す場合には、期待される成果を明示している。

（アンケートや聞き取り調査を再度するのではなく）、みなさんにアンケートを再度よく見ていただければ、結果に照らし合わせて「私のところの作業所ではこういうふうな人もいるんだ」という感想が出てくると思うんですよ。（その感想を）わかりやすいかたちにして、シンポジウムを開いて市民に伝えるといいと思います。（第七回）

対話の促し　メンバー間の意見交流を促すことも、筆者の役割だった。以下の例は、若手の行政職員の発言を促しているところである。筆者の経験上、審議会や住民会議において、行政職員の発言は、課長級の管理職に限定され、管理職でない若手職員は発言しないか、進行予定表に書かれた司会をするだけである。だが、若手職員が発言をすれば、コミットメントを深めざるを得ないのである。ただし、行政職員だけではなく、非行政のメンバーである副座長にも発言を求めることによって、「行政―非行政メンバー」という対立図式を生まないようにした。

行政の職員さんも言いにくいことがあるかと思うんですけれども、こういう取り組みって行政の方の声が出ることは少ないのです。A市にとって住民会議は初めてだと思います。どんなふうなイメージを（住民会議に）持っておられるのか、若い職員のBさんや副座長にも順次言っていただいたらどうでしょうか。そのほうがむしろ信頼関係ができていいような気がするんですけど。（第一回）

住民の姿勢の方向づけ　筆者は、住民会議においては、住民側がみずから行動したり考えたりすることの重要性を指摘した。行政職員であっても、同様の指摘をできるものの、「行政は責任を逃れるのか」

という批判を受けかねない。ただ、筆者は行政から頼まれたのではなく、住民会議の方針を改めて伝えようとしただけである。

みなさんは、福祉は行政がやることだと思っておられるのかもしれませんが、行政の方々は人事異動で（障害福祉担当に）来られるわけですから、行政だけで、障害者施策をカバーすることは、そもそも不可能なことだと思います。（第一回）

三　研究者の役割

最後に、ここまで取り上げてきた筆者の発言を例にあげながら、障害者施策における研究者の役割を考えてみる。

1　なじまない専門家モデル

審議会や委員会における大学教員は「学識経験者」と呼ばれ、行政に対する関与は「指導」と言われる。委員就任以来の文面には、「先生にご指導をいただきたい」という趣旨の内容が書かれている。これを単なる社交辞令と見なすこともできるが、重要なことは、大学教員に対して、専門的知見と、行政の意向と住民の立場など様々な意見を照らし合わせて、提言をしてほしいという期待があるということである。

だが、障害者施策領域では、歴史的に、専門家モデル、特に研究者モデルへの批判が根強い。また大学教員は、「実践現場を知らない」という批判を受ける。その教員が実践現場の経験を多少持っていても、「現場から離れている」として同様の批判を受けかねない。

特に住民会議においては、行政、住民それぞれが多様な利害を持った人々の利害の調整の場であるため、処方箋になるような提言を研究者がすることは難しい。また障害者問題を専門にする研究者であっても、身体障害者、知的障害者、精神障害者のすべてに精通しているわけではない。

A市において、筆者は、研究者、身体障害者、A市出身者というように、メンバーと共通する属性を多く持っていたとはいうものの、これらの属性が、メンバーの期待と合致したとは思えない。筆者はA市出身でありながらも、日常的には別の市に住んでいた。また、筆者が知的障害者や精神障害者の生活を実体験したことはない。

一人の研究者が、住民の持つあらゆる属性と共通するものを兼ね備えることは不可能に近く、研究者独自の役割を考えるほうが、生産的と思われる。研究者にとって、施策現場に深くに関与することは重要だとしても、現場の人々とまったく同じことをするべきではない。現場の人々は「大学の先生は現場にもっと足を運んでほしい」と言っていても、果たして現場の住民になることを期待してはいまい。

2　研究者の役割――現象化によるフィールド間のコーディネート

筆者としては、研究者の役割は、フィールドの現象を、専門用語や概念を使って理論化することと考えている。ここで言う理論とは、自然科学で言うような因果律ではなく、フィールドの現象を少し抽象的に言い直したものである。この抽象化は当該フィールドとは別の、「思わぬ分野、地域、時代に、活動や考察の手がかりがあること」（渥美二〇〇五）をフィールドの人々に知らしめる。フィールドでは、抽象化は、無味乾燥な言葉に生《なま》の現象を回収してしまう行為に見えるかもしれないが、結果的には、新しい説明図式を得ることで、現象をより具体的に丁寧に見ることに寄与すると言える。

研究者には、利害関係者や組織間の説得や調整に物理的に出向くことよりも、理論化によるコーディネートが求められている（**図**）。複数のフィールドに関与していれば、フィールドごとに理論を生み出すことができる。したがって、理論は永遠普遍の法則ではなく、局所的なものである。研究者は、理論と理論を通して、フィールドとフィールドとをコーディネートするのである。

理論化に当たって、研究者は、実践者に対して、その行為

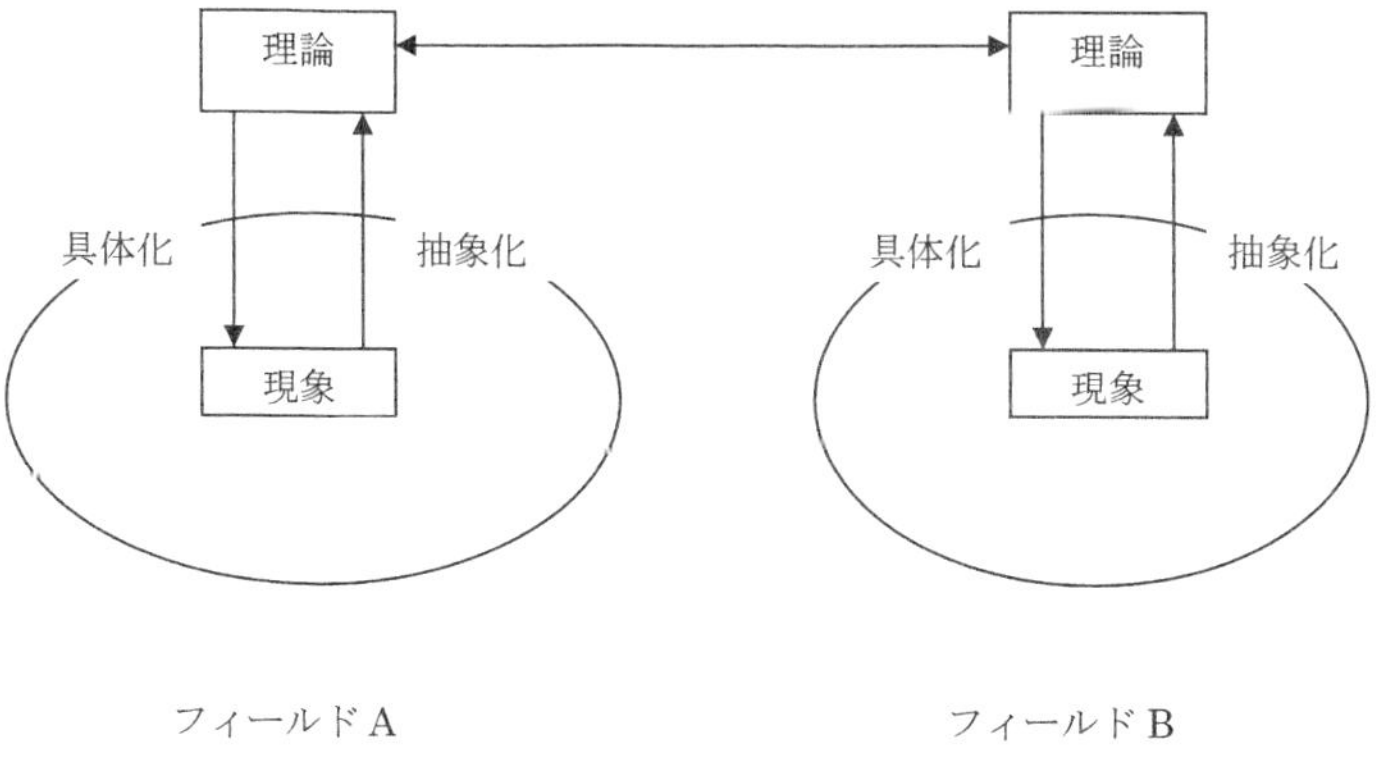

図　理論によるフィールドとフィールドのコーディネート

に関するセンスメーキングを促す。センスメーキングとは、すなわち、実践者が過去に得た情報、知識、主義、価値観にもとづいて、実践者がデシジョンメーキングを意味づけていくことであり、実践的な社会心理学者によって提示されている（矢守 二〇〇七）。センスメーキングによって、フィールドで自明視されている価値観、すなわち「気づかざる前提」（杉万 二〇〇六）や、人々がうまく言葉にできなかったりするような現象を、研究者が言語化することである。研究者によるセンスメーキングの促しは、フィールドの人々が「自分たちが考えたりやろうとしたりしていることはこういうことだった」と行為を納得することを助けるのである。

また研究者は、時には非常に具体的な意志決定（デシジョンメーキング）を促すこともある。デシジョンメーキングは、研究者による知識伝達の意味合いもある。たとえば筆者は、住民会議の意義や運営方法を模範として提示している。ただし「こうすればよい」という絶対的な処方箋を出すことではなく、フィールドの人々のコンセンサスを常に要する。なお、ここで言う実践者には、住民、自治体職員、援助専門職等、フィールドにもともといる人々だけではなく、実践に関与する研究者も含まれる。

3　水平的関係

本章で示した研究者の役割は、水平な関係性において、フィールドとフィールドとの媒介と言える。医療や土木のような自然科学と比べると、曖昧あるいは地味な役割である。だが、研究者はフィールドに対して強い決定権限を持つわけでもなければ、「現場に真実がある」という現場主義にも立たない。それゆえ、フィールドの人々と研究者の間に上下関係はなく、結果的に水平な関係ができている。決して、研究者は、真実を知っている超越的存在ではない。

人文科学や社会科学の研究者がいなくてもフィールドの活動は動いていくだろう。だが、研究者がいたほうがより良い活動ができるかもしれない。人間科学や社会科学の研究者は、このような役割を、今までよりもはっきりと提示していくべきではないだろうか。

引用参考文献

渥美公秀（二〇〇五）、『ボランティアの知 実践としてのボランティア研究』大阪大学出版会

杉万俊夫（二〇〇六）、「グループ・ダイナミックス」、杉万俊夫編『コミュニティのグループ・ダイナミックス』京都大学学術出版会、一九一‐八六頁

田垣正晋（二〇〇七）、「障害者施策推進の住民会議のあり方とアクションリサーチにおける研究者の役割に関する方法論的考察」『実験社会心理学研究』四六（二）一七三‐一八四頁

矢守克也（二〇〇七）、「防災研究―災害に強い社会をつくるための共同実践―」、能智正博・川野健治編『初めての質的研究法 臨床・社会編―事例から学ぶ』東京図書、二三八‐二五七頁

第5章　裁判員裁判における水平性の構成
――裁判官―裁判員のコミュニケーションをどう考えるか？

荒川　歩

従来の法律家と言えば、専門的知識を「話す」人であり、顧客はそれを「聞く」人であり、両者の間には、専門家と素人という歴然とした壁があり、水平的な関係というイメージはなかった。近年では、そのような一方的に「話す」法律家ではなく、「聞く」法律家の養成の必要性が提言され（菅原・岡田 二〇〇四）、このような法律家像は変化しつつある。

特に近年、一般市民が裁判官とともに裁判に関わる裁判員制度導入の決定により、法律家と一般人との関係の水平性・非水平性の問題は、議論の焦点となり、その是非を含め、多くの議論がなされている。これは市民側の要請にとどまらず、多くの裁判官・検察官・弁護士にとっても重要な関心事である。

しかし、そもそも「水平的関係」とは、何を指すのだろうか？　水平的な関係とはある一種類を指し、ヴァリエーションはないのであろうか？　そして、どうすればそれらが達成されるのであろうか？　木章では、日本で開始される裁判員制度に焦点を当て、水平的な関係のヴァリエーションとそれらを達成する際の課題について検討しようと思う。

裁判員制度の概略

裁判員制度とは、一定の条件以上の刑事裁判において、三人の職業裁判官とともに、選ばれた六人の一般市民が裁判の判決の形成に関わる制度であり、二〇〇九年までに開始されることが決まっている。この裁判員裁判の具体的な手続きは**図1**のようになっている。

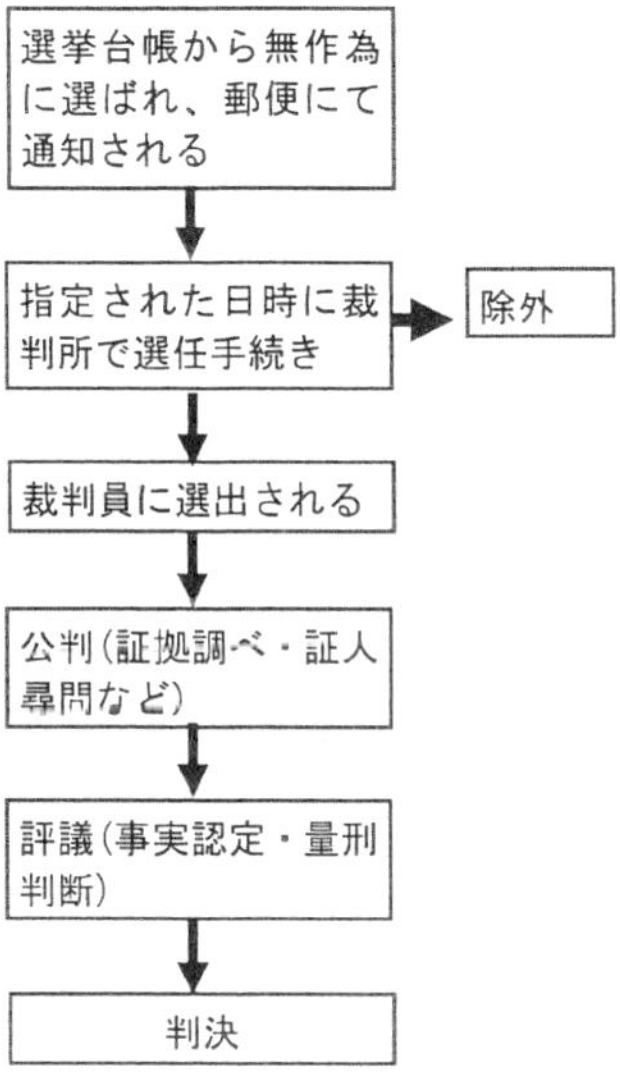

図1　裁判員裁判における裁判員の参加の大まかな流れ

選挙台帳をもとに抽選で候補にあがった市民は、所定の選定手続きを経、そこで選ばれた場合、裁判員として、公開の公判（証拠調べや証人尋問など）及び非公開の評議（裁判官と裁判員だけによる有罪無罪を決定する会議）に参加する。この評議のなかでは、何が事実であるのかの事実の認定、犯罪構成、及び量刑の判断が行われるが、裁判員は、このうちの事実の認定と量刑の判断に関わることになっている。

この際、有罪無罪の決定は、裁判官・裁判員計九名の多数決であるが、裁判官・裁判員それぞれ一名以上の賛成を必要とする。つまり、裁判員五名だけの賛成では決定することができず、少なくとも一名は裁判官が賛成することが必要となる。この制度は、ドイツなどの参審（市民が所定の期間継続して裁判に関わる）とも、アメリカなどの陪審（評議に裁判官は参加せず市民だけによって有罪・無罪が決まる）とも異なる日本独自の制度である。

裁判員裁判の目的

そもそも裁判員制度はどのような目的で実施されることになったのであろうか。「裁判員の参加する刑事裁判に関する法律」によれば、裁判員制度の目標は、「司法に対する国民の理解の増進とその信頼の向上に資すること」となっている。この文言に則るならば、裁判員制度において、水平的な関係は必要ではなく、目標は、「市民にわかる裁判」であり、「裁判官は信頼できるということがわかる裁判」ということになろう。しかし他方では、「私の視点、私の感覚、私の言葉で参加します」（裁判所による裁判員制度キャッチフレーズ）、「国民の皆さんの健全な感覚を裁判に反映させるという制度」（裁判員制度広報用ビデオ「裁判員制度——もしもあなたが選ばれたら——」）のように、市民感覚の反映もまた裁判員制度の目的とされているように見える。市民感覚を裁判に反映させることを目的とした場合、裁判官—裁判員の関係は一方向的であるわけにはいかず、何らかの意味での水平性が求められるであろう。

専門家―非専門家コミュニケーションにおける裁判官―裁判員コミュニケーションの特殊性

専門家―非専門家の関係が問題になるのは、裁判員裁判だけではない。医師―患者関係、研究者―実践者関係など様々な領域においてこの問題は起こるため、多くの研究が行われている。後述するようにそれぞれのコミュニケーションの特徴には違いがあるが、先行する研究から学ぶことは無駄ではない。たとえば、他の専門家―非専門家コミュニケーションにおいて指摘されているように、異なる文脈を持った二種のアクターがうまく連携していくには「信頼」を構築し保持することが最も重要（杉山二〇〇二）だというのは裁判官―裁判員コミュニケーションにも共通すると思われる。裁判員裁判では、現場に居続けなければならないアクターは裁判官であり、裁判員がよそから来て一時的に関わって去っていく「一時的ストレンジャー」（秋田・市川二〇〇一）である。「一時的ストレンジャー」として慣れないフィールドに入る裁判員だけではなく、「一時的ストレンジャー」を受け入れる裁判官にとっても、緊張を伴う事態であることは、理解する必要はある。

他方で、裁判官―裁判員コミュニケーションは、他の専門家―非専門家コミュニケーションとは異なった特徴を持つ。裁判員裁判でのコミュニケーションの特徴を明確にするために、いくつかの専門家―非専門家コミュニケーションとの違いを**表1**に示した。表から読み取れるように、利害関係者（ステークホルダー）ではなく、専門家でもないものが、専門家と合意形成を行うのが、裁判官―裁判員コミュニケーションの特徴であると言える。

表1　他の専門家—非専門家コミュニケーションとの比較

	裁判員裁判との類似点	裁判員裁判との相違点
医師と患者	合意形成を行う（インフォームドコンセントの場合）。	直接的な利害関係者（ステークホルダー）が行う。患者側しか持たない知識（痛みなど）がある。
研究者と市民（サイエンスカフェやコンセンサス会議）	素人は、専門知ではなく、地域知（local knowledge）（Geerz 1991）を持っていると考える。直接的なステークホルダーではない。	合意形成を行わない。（現在の日本の場合）
行政・企業・専門家・市民（街づくりなどの市民会議）	合意形成を行う。	直接的な利害関係者（ステークホルダー）が行う。

研究者—実践者の関係に関して、志水（二〇〇二）は、学校臨床的研究における研究者の役割を、特定の問題解決に当たる「セラピスト」型、専門的知識を持ってアドバイスをする「コンサルタント」型・対等に実践にあたる「コラボレーター」型、研究者が実践者に対する情報提供者になる「インフォーマント」型、院生などがお手伝いとして入る「ボランティア」型の五種類に類型化している。

では、裁判員裁判は前記のような分類では、どのように考えることができるのだろうか？

おそらく次の三つの考え方をすることができるであろう。第一は、裁判官が「コンサルタント」として裁判員に専門的知識を提供し、裁判員の判断を助けるという考え方、第二は、裁判員が「インフォーマント」として裁判官に素人としての専門知識を提供するという考え方、第三は、第一と第二の複合したかたちとしての「コラボレーター」として、合意形成を行うという考え方である。

ここでは、裁判員裁判のコミュニケーションの特徴を浮かび上がらせるために、他の専門家―非専門家間のコミュニケーションに関する研究を紹介した。以降では、裁判員裁判に立ち戻って、議論を深めたい。

水平性以前の問題――異なる文脈の遭遇としての裁判

水平性を考える前に押さえておくべき点がある。そもそも裁判の主たる目的は、正義の達成であり、国民の理解の向上は副次的なものにすぎないはずである。さらに、裁判の目的はこの二つだけでもない。「裁判」という営みは、異なる多様な文脈において構成され、それはそれぞれ異なる目的を有しているように思われる。ここではそのうちの三つの文脈を示そう。まず文脈の第一は、法律である。裁判員裁判であっても法律に反した判決を下すことはできない。第二は、裁判官の文脈である。裁判官は、裁判所という組織から切り離された存在ではない。それが裁判官の専門性として、「事実」の捉え方を決定する。また、同僚や上司など他の裁判官との関係上、裁判官の常識からあまり外れた判断を下すことは困難であろう。「市民感覚で被告人は有罪」とは判決文に書けない。また、検察官や弁護人に対しても、ある程度納得のいくものでなければならないだろう。文脈の影響を受けている点は、裁判員もある意味では同様である(第三の文脈)。評決を出して裁判員が家に帰ったとき、新聞・テレビで評決を知った家族に、「なんでそんな判決になったのだ」と、責められるのは避けたいだろう。

この事態を整理するために、一つの時間を考えたほうがいいのかもしれない。第一は、評議中の時間であり、第二は、評議外の時間である。評議のなかの世界だけでなら、水平性を達成するのは比較的容易であるように思われる。しかし、評議の外の世界との連続性を余儀なくされるとき、裁判員・裁判官はこの異なる二つの時間をできるだけ矛盾なく生きることを求められる。つまり、評議のなかで決まったことの責任を、評議の外の世界でもとらなければならない。そして、もちろん正義の達成を行わなければならない。

この時間の問題は別の側面も持つ。裁判員も裁判官も、無限の時間を持つわけではない。評議外の時間による要請によって、評議時間も制約を受ける。そのため、十分な議論と合意形成を、全裁判官・裁判員が受け入れることができる時間内に行うことが求められる。

水平性の多様性

では、裁判員裁判においてどのような水平性が求められるのであろうか？　裁判官—市民の水平的関係で起こる問題というと、「裁判官の権威に圧倒される市民」のような関係がイメージされるかもしれない。もちろんそれも水平性の問題のひとつであるが、実際には、それは裁判員裁判でそれほど問題にならない（発生したとしても問題として認識されやすい、そもそもそれほど発生しない）のではないかと考えている。ここで考えたいのは、そのような明示的なものではなく、一見気づきにくいものである。

また、「水平的な関係」と言えば、非常に良いものであり、少しでも「水平的な関係」でないものは悪だと考える人もいるかもしれない。確かに「水平的な関係」は批判するのが困難なように思える。しかし、ある種の非水平性が必要な場合もあることも押さえておかねばならない。ここで整理しなければならない問題は、どのような非水平性が望まれ、どのような非水平性が良い裁判員裁判を阻害するかである。

「評議」をもとにした議論

理論的な議論はわかりにくいと思うので、ここでは二つの資料をもとに議論しようと思う。ひとつめは、裁判所制作による裁判員裁判映画「評議」である。これは、裁判員裁判の広報用につくられたものであり、二〇〇七年三月一八日現在、裁判所のウェブページ（http://www.saibanin.courts.go.jp/news/video2.html）からストリーミング配信され、誰でも視聴することができる。これは実際の評議ではないが、裁判員裁判のモデルを示したものであり、ある意味で裁判所が理想と考える評議のあり方が描かれていると考えられる。

この映画で描かれているのは、被告人（中原敦志）が、自分の婚約相手である川辺真由美と親密な関係になっていた被害者（朝倉慎二）を刺した事件であり、検察側は、殺意があってわざと刺したとして殺人未遂罪の適用を、弁護人側は、被害者が急に立ち止まったので刺さってしまったとして傷害罪の適用を求めている。

第二の資料は、大阪地方裁判所・大阪地方検察庁・大阪弁護士会の主催で、二〇〇六年一〇月一日に行われた「刑事裁判の世界へようこそ――裁判員はあなた！」での公開評議の発言についての筆者の速記メモである。この公開評議は、スケジュールの関係で一時間足らずの時間で事実認定から量刑判断までのプロセスを行ったものであるため、様々な点で実際の裁判員裁判とは異なる可能性がある。また速

評議例1

1　小池：被害者の朝倉さんは全治1ヶ月の大怪我をしたんですよね？　ということは、被告人の罪はかなり重いんじゃないですか？

2　左陪席：被告人の刑を決める前に、被告人の罪が殺人未遂になるのか、傷害になるのかを決めなければいけません。そして、殺人未遂か、傷害かは被告人に殺意があったかどうかによって決まります。

3　小池：同じように人を刺しても、殺意があれば殺人未遂罪、殺意がなければ傷害罪で、罪の重さがぜんぜん違ってくるということですか？

4　左陪席：そうです。

記であるため、不十分な部分もある。しかし、裁判員の発言に対して裁判長がどのような応答をする可能性があるのかを考える例としては十分であると考えられる。

①　**論点創出の非水平性**　第一点目は、論点を誰がどのように決めるかという点である。この映像の冒頭で、裁判長は最初に各裁判員が感じたことを自由に述べてもらっていた。しかし結果的には、論点は、**評議例1**と**評議例2**で示したように、ある段階で裁判官側から枠を設定している。引用した例では、**評議例1**の**2**のところで、左陪席裁判官が議論を方向づけており、**評議例2**の**1**のところでは、裁判長が論点を決めていることが見て取れる。また、**評議例2**の**2**で、誰を信用したらいいのかという裁判員に対し、裁判長は**評議例2の3**で検討すべき要素の方向性を指し示している。検察側と弁護人側の主張の争点について話し合うことは評議の外部の文脈との連結上、もちろん必要なことであるが、この争点以外について市民が着目して議論する可能性もある。確かに多くの場合、その点を深く議論することは、裁判員にとっても結果的に「遠回り」だったと感じられることになるだろう。

ただし、この「遠回り」を怠ることは問題である。その理由として二つ

評議例２

1　裁判長：では、本題に入りましょう。まずは殺意があったかどうかを決めます。

2　松井：私はますますわからなくなりました。被告人も被害者も嘘をついているようには思えないんです。もう、どちらを信用していいのか。

3　裁判長：何か気になる点などはありませんでしょうか。

4　大沢：僕は被告人の持っていたナイフがたまたま刺さってしまったというのが、どうしてもひっかかるんです。

の点を指摘することができる。その第一は、遠回りであることは遠回りしてからでないとわからない、という点である。迷路遊びでも、誤っている道は、その道の行き止まりに到達しないことには誤った道であることはわからない。その道の先にはゴールがないことを理解する前に、その道に行くことを禁止するのは、評議参加者に不満を募らせ、発言を不十分にする可能性がある。

第二に、そのような「遠回り」のなかにある論理、つまり市民から見た事件の論点を詳細に検討すれば、法律家の論点とは異なり、かつ法律とも矛盾しない事件の捉え方を構成する可能性もある。そのため、遠回りであれ、ある程度議論することは、決して無駄ではなく、必要なことだと考えられる。このために、ある程度遠回りを歓迎する雰囲気づくりが求められる。

このような論点創出の非水平性の問題は、司会の問題とも大きく関係する。司会は、論ずべきテーマを決定し、各発言者の発言を現在行われている議論のなかで位置づけるという意味で影響力を持つ。アメリカなどの陪審裁判では、陪審員の一人が司会を行うが、日本では現在のところ司会を裁判員側がする例を見たことがないので、裁判官がすることが多いと思わ

評議例3

1　裁判長：大沢さん、どうかされましたか？

2　大沢：殺意があったかどうかなんて本人にしかわからないことだと思うんです。それはあくまでも被告人の心のなかの問題であって、僕たちが話し合いによって決めることなんてできるんでしょうか？

3　裁判長：被告人の心のなかの問題についても、被告人の行動からある程度、推測することができるのではないでしょうか？　こんなことではどうでしょう。ドラマに出てくるように、毒薬を用意したりして、計画的に人を殺そうとした場合には、犯人に殺意があるということはわかっていただけると思います。しかし、そうした計画的な行動ではなく、かっとなってやったときでも、ビルの10階から突き落とせば、それも殺意があったと言えるでしょう。

4　西出：そりゃそうよね。10階だもの。

5　裁判長：では、5階だったら、3階からだったら、1階のベランダからでは、と考えていくと、どこかで殺意という言葉を使うのは不自然になりませんか？

6　大沢：つまりこの事件では、検察官は10階から突き落としたようなものだから殺意があると主張し、弁護人のほうは1階のベランダ、庭で突き倒したようなものだから、殺意なんかないってこと、そういう感じですか？

7　裁判長：そのとおりです。今の段階では、そんなイメージだけ持っていただければ十分だと思います。

8　大沢：なるほど。それじゃあ、あの事件では……。

9　岩本：……まずはナイフがどうやって刺さったかってことか……。

れる。

②　判断のルールの非水平性

評議例3を見ていただこう。ここでは判断基準を持たない、あるいは、市民なりの判断基準を持った市民（**評議例3**の**2**）に対して、法律家が判断基準（**3**）を示し、それに市民が納得し、何を議論すべきかについてまで影響している（**9**）。

　個人の心のなかをどう判断するかの問題だけにとどまらず、法律家がこれまでの経験によって（個人的にあるいは歴史的に）培ってきた法的な考え方を、裁判員に伝えるのか、伝えないのかは大きな問題である。たとえそれが、裁判官

評議例４（模擬裁判員裁判「刑事裁判の世界へようこそ！　裁判員はあなた＊）

1	裁判長	１番の方から現時点でのご意見をお願いします。
2	裁判員①	被告人は体面確保が目的で、殺意はなかったのですが、刺したと思います。
3	裁判長	そう思われる理由は何でしょうか？
4	裁判員①	松岡証言のほうが信用できるからです。

＊2006年10月1日の筆者のメモをもとにしたもの。言い回しなどは正確ではない。

の言葉から発せられたものでなくても、時間をかけて合理的に構成されてきた考え方を否定できる裁判員は、まずいないだろう。

おそらく、ここで必要なのは考え方の転換である。多くの人は、ある出来事の捉え方を考える際、ひとつの捉え方が正しく納得できるものならば、それ以外の捉え方は考える必要がない、あるいは不適当だと考える。しかし実際には、正しい捉え方は、ひとつだけではないこともある。裁判官の、ある考え方が正しいように見えても、まったく違う内容だが同じくらい正しい捉え方もあり得ると裁判員が理解することは、より意味のある評議につながると考えられる。

③　**論理モードの非水平性**　第三の水平性の問題は、映画「評議」には出てこない点である。しかし、著者が傍聴した複数の裁判員裁判ではたびたび目撃されたので、実際に起こると考えられる水平性の問題として紹介したい（**評議例４**）。

ここで、裁判長は、裁判員に理由を聞いている。このように、裁判員裁判では、論理的（根拠などが示され、ほかの人から検証可能な形式）な意見が求められることが多い。論理的な意見は、他の意見の人を説得することが可能だと考えられるからである。このことは、それ自体必要な場合もあるが、裁判官に比べれば、市民は、このような形式に慣れていないことは問題である。このような議論の形式の違いは、大河原〔二〇〇六〕が、市民に多く見られる形式として、物語形式・人間関係重視型・ラポールトーク、専門家に多く見られる形式としてパラダイム形式・規範志向型・リポートトークを指摘しているものである。

確かに評議を具体的に行う場合、意見が論理的形式〔大河原〔二〇〇六〕の「パラダイム形式」〕をまとわなければ、他の裁判員にも理解できず、議論はまとまらないだろうし、判決に理由として記載することもできないだろう。

しかし、もし評議での議論は論理的であるべきというルールを敷けば、それは、「私の感覚で参加します」というキャッチフレーズからは外れ、直感的な形式の意見を論理的に説明できない、裁判員が意見を言いにくい雰囲気を作り出してしまう可能性も否めない。また直感的な考え方には、その背後に合理的な理由が潜んでいる可能性もある。それらを一緒に考えることのできる雰囲気があれば、一見直感的な意見も受容可能な雰囲気になるだろう。

これまで、評議例をもとにいくつかの水平性の問題を論じてきた。ここまで検討してきて、水平性に影響する要因として、前述の文脈の違いのほかに、知識と経験の違いがあることがわかるだろう。この知識と経験の影響は甚大である。裁判員は、一人の人として判断し、人としてのほかの裁判員と議論するのに対し、裁判官と議論する際には、一人の人としての裁判官ではなく、その背景にある「法の集成」

と議論しているような気持ちになるのではないだろうか。

非水平性の融和に向けて

本章であげた三種の非水平性は、ある意味では避けられないものである。専門家でなくても、理由の説明が不十分な判決を快くは思わないだろう。

このことから、裁判員裁判の目標を三段階に設定することができる。もし裁判官の「コンサルタント」によって意思決定する主体として裁判員を考えるならば、裁判官のリードに従って判断し、かつ「やっぱりちょっとおかしい」と感じたときにはそれを表明し、納得するまで裁判官に説明を求めることができれば十分であると思われる。この場合、前述の三種の非水平性は問題にならないが、ある意味では十分裁判員制度の目的を達成していると言える。また、このほかに、裁判官は、有罪の人を見なれているので、まっさらな目を持った裁判員が、裁判官に法的判断の使い方を教えてもらいながら、それを当てはめて判断するということが一つの目的として言われることもある。この場合も、前述のような非水平性は、直接的には問題にならないだろう。

しかし、第二の段階として、もし裁判員と裁判官はやはり、「コラボレーター」として、両者の論理のすり合わせをしなければならないと考えるならば、市民の感覚を洗練し、議論可能なものにする必要があるだろう。

個々の裁判で考えれば、十分に市民のやり方で議論する時間をつくること、議事を裁判員側に一時的に任せて裁判員の側でそれぞれの感覚を強くする、あるいは裁判官の側で拾い上げるなどして、他者に向けて説明可能なものにすることが必要だろう。裁判官は裁判員の意見を裁判官自身の言葉に置き換えるのではなく、両者の最小公倍数的な言葉で拾い上げていくことが有効だと考えられる。専門家を交えず市民側だけで議論をする場をつくる手法は、コンセンサス会議（小林二〇〇四）などで用いられているものである。

それでも、市民の意見を強くするよりも前に、裁判官側の考え方を市民に伝えてしまった場合には、答えは複数あるかもしれないことを伝えること、時間的に十分ゆっくり余裕をとって、休憩や、リフレッシュの時間があり、立ち戻って考え直す時間をつくることが重要かもしれない。

以上の工夫が有効に機能するには、「ちょっと待ってください」といつでも言える信頼関係が前提となる。このような信頼関係を築く方法も必要とされるだろう。

本章では裁判員裁判において起こると予想される非水平性の諸問題とその融和の可能性を論じてきた。どの水平性が達成されるべきであるのかは今後議論が必要であるし、最終的には、各裁判官に判断が委ねられるべき問題かもしれない。しかし、裁判員制度の主旨から考えて、市民の意見を生かす方法を考えることは、裁判員制度をより実りあるものにするために不可欠であろう。それぞれの人にとって、裁判員になるのは一生のうちに一度あるかどうかの機会である。今後は、市民の言葉を鍛えるための工夫とともに、その一度の機会に、誰でもが力を十分発揮できるような仕掛けづくりが必要であろう。

引用参考文献

秋田喜代美・市川伸一（二〇〇一）、「教育・発達における実践研究」、南風原朝和・市川伸一・下山晴彦編『心理学研究法入門』東京大学出版会、一五三—一九〇頁

大河原眞美（二〇〇六）、「裁判員裁判におけるわかりやすい司法の論理と構造—法言語学からのアプローチ」『自由と正義』五七、二二一—二三二頁

C・ギアーツ著、梶原景昭・小泉潤二・山下晋司・山下淑美訳（一九九一）、『ローカル・ノレッジ—解釈人類学論集』岩波書店

九州大学法学部刑事訴訟法ゼミナール（二〇〇三）、『裁判員（あなた）が有罪、無罪を決める—実践ガイド模擬裁判員裁判』現代人文社

小林傳司（二〇〇四）、『誰が科学技術について考えるのか—コンセンサス会議という実験』名古屋大学出版会

志水宏吉（二〇〇二）、「学校を『臨床』する—その対象と方法についての覚書」、近藤邦夫・志水宏吉編『学校臨床学への招待—教育現場への臨床的アプローチ』嵯峨野書院、一五—四八頁

菅原郁夫・岡田悦典（二〇〇四）、『法律相談のための面接技法—相談者とのよりよいコミュニケーションのために』商事法務

杉山滋郎（二〇〇二）、「科学教育—ほんとうは何が問題か」、金森修・中島秀人編『科学論の現在』勁草書房、一一七—一四七頁

第6章　ボトムアップなまちづくり
――小笠原村母島でのフィールドワーク

尾見　康博

或る夜の出来事

私は東京都心から南に千キロ離れた小笠原諸島に一〇年以上にわたって通い続けている。通い続けているとは言っても、現地に滞在するのは、基本的に一回につき四日かせいぜい一〇日に限定される。小笠原諸島への唯一の交通手段である船便が六日に一便しかないため、短期の出張で現地を訪れる日数が決まってしまうのである。

二〇〇七年の三月にも、小笠原研究の仲間三人で小笠原諸島の母島を訪れた。

とある晩のことである。講演のためにたまたま私たちと同時期に母島を訪れていた某大学教員が、仲間の一人に対して、私たちの小笠原での活動を全否定する言い方で恫喝してきた。その権威主義的で高飛車な態度、そしてカネの力で地域を動かせると信じて疑わない言動に、私たちは呆然とする一方、この人が私たちとは正反対のスタンスで母島に関わるかもしれない、と思うと、正直、多少怖くもなった。

このとき、私が研究仲間とともに母島を訪ねたのは、住民たちが主導するまちづくりに、私たちが側面から参加・支援するための方法について、住民たちと情報交換をしたりするためであった。つまり、私たちのスタンスは、ボトムアップなまちづくりに向けて、住民たちと一緒に何かできないか、というものである。他方、某大学教員は、ご本人の知識とおカネによってまちを変えられるという、きわめてトップダウンな発想の持ち主であった。今どきあまりに極端な発想とも思うが、ひょっとすると、こうした発想が未だに日本のあちらこちらで残っているのかもしれないと思うと同時に、こうした発想に簡単にねじ伏せられない地域力を根づかせる必要性を痛感した。

以下では、私が小笠原村母島でのまちづくりに関与するようになった経緯を多少紹介しながら、ボトムアップなまちづくりがどうすれば可能かについて考えていきたい。

エコツーリズムでまちづくり——小笠原村の事例

小笠原諸島は、行政単位としては東京都小笠原村となっており、北緯二〇度二五分～二七度四四分、東経一三六度〇四分～一五三度五九分の太平洋上の広大な海域に散在する三〇余りの島々の総称で、日本最南端の沖ノ鳥島、最東端の南鳥島をも含んでいる（**図1**）。そのなかで、一般民間人が居住しているのは、父島と母島のみであるが、二〇〇七年四月一日現在での人口は二三八七人（父島一九四三人、母島四四四人）となっており、横ばい傾向が続いている。

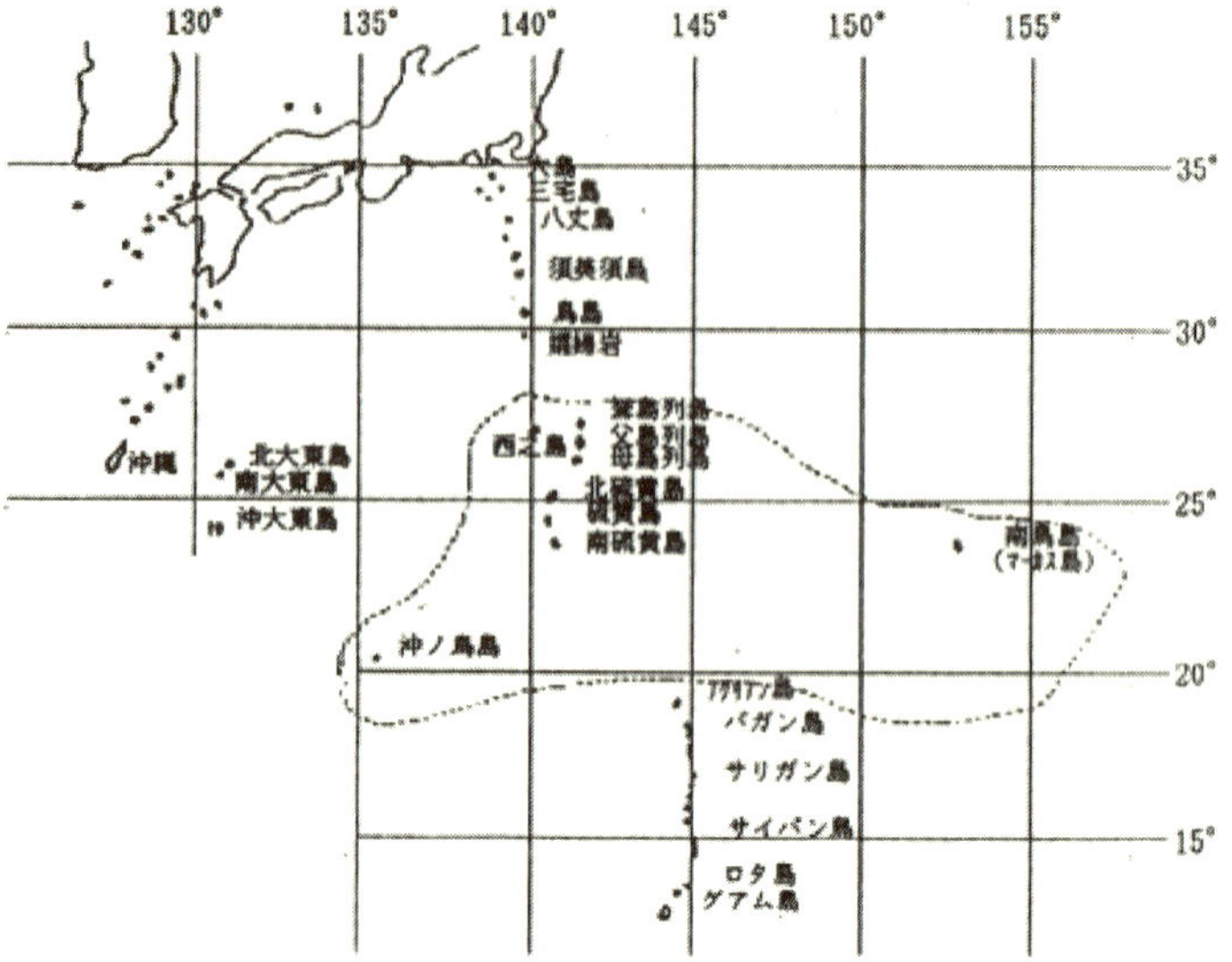

図１　小笠原諸島（点線内）　東京都ウェブサイトより

第二次大戦の激戦地であった硫黄島も小笠原村に属しているが、現在は自衛隊及びその関係機関のみが駐留しており、一般民間人がアクセスする手段はない。

小笠原村は、日本の敗戦により米国領土となったが、一九六八年に返還されたのち、小笠原諸島振興開発特別措置法を根拠とした多額の補助金によって整備・開発が進められてきた。しかし、一定程度の整備・開発は達成され、特別措置の事由も薄らいできたこと、財政難のために「無い袖」は振れないこと、などから補助金は減額され続けている。小笠原村では、二〇世紀中は、建設・土木業従事者がかなりの割合を占めていたが、近年は補助金による公共工事が大幅に減少したため、他業種に鞍替えする例も珍しくない。

鞍替え先の有力候補が、観光業である。観

光業は以前から盛んではあったが、なかでもエコツーリズムと呼ばれる、生態系や自然環境に配慮した観光に注目が集まっている。ホエールウォッチング協会の発足（一九八九）に始まり、一九九一年に東京都が設置した小笠原諸島二一世紀ビジョン懇談会の提言にエコツーリズム推進が含まれ、一九九四年にはホエールウォッチング協会がホエールウォッチングの自主ルールを制定した。こうした動きを経て、二〇〇〇年三月に、村が策定した「小笠原諸島観光振興計画」でエコツーリズムの推進が大きく掲げられたりすることにより、エコツーリズムを二一世紀の小笠原の目玉にしようということが政策レベルでも展開することとなった。

「エコツーリズムでまちづくり」ということである。

しかし、このスローガンの下、村民一体でまちづくりに向かって動いているかと言えば、必ずしもそう言い切れない。「エコツーリズムでまちづくり」の看板自体に異を唱える村民はほとんどいないと考えられるので、問題は「エコツーリズム」の中身ということである。

エコツーリズムは、自然環境や生態系（エコ）に配慮した観光（ツーリズム）という意味では、産業的側面からしても、余暇活動という側面からしても、二一世紀の社会にふさわしいもののように思える。では、何が問題なのだろうか。それを考えるきっかけとして、エコツーリズムの定義から見てみることにしよう。**表1**は、日本語による定義としてよく知られた三つの定義である（社団法人日本旅行業協会による定義はエコツアーの定義になっているので、留意されたい）。

いずれの定義にも共通するのは、生態系や自然（エコ）だけでなく、地域文化にも配慮すること、それ

表1　代表的なエコツーリズムの定義

【日本自然保護協会による定義】（日本自然保護協会、一九九四）
旅行者が、生態系や地域文化に悪影響を及ぼすことなく、自然地域を理解し、鑑賞し、楽しむことができるよう、環境に配慮した施設および環境教育が提供され、地域の自然と文化の保護・地域経済に貢献することを目的とした旅行形態。

【日本エコツーリズム協会による定義】（日本エコツーリズム協会、二〇〇七）
エコツーリズムとは、
①自然・歴史・文化など地域固有の資源を生かした観光を成立させること。
②観光によってそれらの資源が損なわれることがないよう、適切な管理に基づく保護・保全をはかること。
③地域資源の健全な存続による地域経済への波及効果が実現することをねらいとする、資源の保護＋観光業の成立＋地域振興の融合をめざす観光の考え方である。それにより、旅行者に魅力的な地域資源とのふれあいの機会が永続的に提供され、地域の暮らしが安定し、資源が守られていくことを目的とする。

【社団法人日本旅行業協会による定義】
次の要素が一つでも入っている自然観察主体のツアーで、環境への悪影響を最小に押さえる努力が示され、訪問先に経済的・社会的な貢献があれば、そのツアーをエコツアーと呼ぶこととしたい。
(1) 旅行者の教育　(2) 絶滅に瀕した動植物の保護　(3) 文化・歴史的環境保全への貢献　(4) 専門ガイドの利用　(5) 地元社会の利益　(6) ゴミの削減と最小限のインパクト

から、地域経済に貢献することにまで踏み込んでいるという点である。つまり、エコツーリズムは、自然・生態系と観光以外の側面をも包含した広がりのある概念だということである。エコツーリズムの定義が多様であるという議論をしばしば見かけるが、少なくともこの点についてはほぼ共通しており、多様となるのは表1に示すとおり、定義の捉え方、あるいは運用の仕方にあると考えることができる。

　エコツーリズムが地域経済への貢献や地域文化の保護をも含めた概念だとすると、立場や役割によってエコツーリズムの捉え方が異なってくることは容易に想像できる。そもそも、「エコ」と「ツーリズム」だけを考えてみても、エコツーリズムというものが、矛盾をはらんだ概念であることに気づく。自然や生態系の保護に重きを置けば置くほど、観光は厄介者になるし、観光に重きを置けばその逆になってしまう。

たとえば、自然環境に配慮する程度の大きいツーリズムを念頭に置く立場と小さいツーリズムを念頭に置く立場との間で、利害が対立する可能性が生まれる。柴崎・永田（二〇〇五）は、エコツーリズムを環境重視型エコツーリズムと商業重視型エコツーリズムに分けて考えることを提唱しているが、自然環境への配慮の程度による立場の違いは、この分類にほぼ対応している。

「エコ」と「ツーリズム」、いや、経済や文化の問題を持ち出せば、さらに多くの矛盾に満ちた目的をいかに止揚できるか、エコツーリズムの実現は、難題であると同時に、非常にエキサイティングでチャレンジングであるということも言えよう。

オルタナティブ・オプションとしてのエコツーリズム

先に、エコツーリズムの定義はおおよそ共通していると述べたが、自然保護協会によるものは「環境教育」「少人数」を条件にしている点で、他の二つのものと大きく違っているという見方もできる。これは、エコツーリズムを従来型のマスツーリズムとの対比で捉えるかどうかに絡んでいると見ることができる。つまり、マスツーリズムに対するもうひとつのツーリズムとしてエコツーリズムを捉えるか否か、である。

マスツーリズムはそもそも、それまで一部のエリート層のみが享受していた観光を、一般大衆にまで普及させた観光を意味しており、必ずしも否定されるべきものとは言えない。しかしながら、マスツーリズムは他方で、特定の観光地域に大量の訪問者を集中させるだけでなく、その訪問者たちが地域についての知識も乏しく、短期間だけの滞在で地域社会との実質的な相互作用が少ないにもかかわらず、自然景観や文化遺跡に無秩序に接近しようとしたり、地域の伝統的生活に支障をきたす要因を作り出したりすることにもつながった（佐々木二〇〇七）。

もうひとつのツーリズムは、そのままオルタナティブツーリズムと呼ばれることもあり、エコツーリズムのほか、農山（漁）村に滞在して地元農民たちとの交流や体験を楽しむグリーンツーリズム、地元の資源が長期的に持続することを目的としたサステーナブルツーリズムなどを含む概念である。なお、オルタナティブツーリズムをエコツーリズムと並列レベルの概念として扱うこともあるなど、これらのツーリズムの包摂関係については諸説ある（柴崎・永田二〇〇五）。

エコとツーリズムのどちらに重きを置くかということと同様、もうひとつのツーリズムも、実態としては、マスツーリズムの延長にあるものと、マスツーリズムの反省のうえに立つものとが存在する。また、マスツーリズムの反省のうえに立つものに対しても、実際には厳しい批判もある（古川・松田二〇〇三）。つまり、近代（モダン）批判としての実践が、結局のところ、批判対象の実践を超えられないでいるし、近代観光実践の補完をしているにすぎないというのである。

たとえば、人気のエコツアーで、滞在期間中の燃料を地元で調達することは森林伐採につながるので、村以外で購入しようとすると、村以外に市場が生まれ、その周辺の森林が伐採される、というようなことが起こったり、必ずしもエコライフを思考し実践しているわけではない地元住民に、（時に無自覚的に）エコライフを押しつけたりすることがある（古川・松田二〇〇三）。

そこで、オルタナティブツーリズムが、どれだけ近代観光実践を超えられているかを評価しようという考えが出てくる。

エコツーリズムについては、各地で認証評価の試みが始められている。すなわち、エコツーリズムの品質管理である。

たとえばオーストラリアでは、エコツーリズム・オーストラリアという団体がエコ認証プログラム（Eco Certification program）を開発し、オーストラリア内外のエコツーリズムを認証している。このプログラムでは、認証水準を三つ用意しており、厳しいものから、上級エコツーリズム、エコツーリズム、ネイチャーツーリズムとなっている。また、宿泊施設、アトラクション、ツアーに分けて、それぞれに適合したチェック項目を用意している。

他の国々、地域においても、エコツーリズムの同様の試みが見られるが、果たしてこうした品質管理で近代（観光）を超えられるのであろうか。

ここでは、とりあえず二点ほど、こうした品質管理に残された問題点をあげることにしよう。

まずひとつは、エコツーリズム・オーストラリアをはじめとしてほとんどの認証団体が、認証に絡む運営・業務コストを各観光業者に負わせる仕組みを採用している点である。この点は、とりわけ認証が普及するまでの局面に大きく影響する。つまり、各業者が認証にメリットを感じなかった場合、あるいは、少なくともお金をかけてまで認証してほしいと感じなかった場合、認証が普及しないことになる。普及を図るために、認証団体が各業者に認証を受けるよう依頼する、換言すれば、認証料をちょうだいする、という弱い立場に置かれるのである。

ちなみに、ムーディーズやスタンダード&プアーズなどで有名な（主として社債の）格付けには、企業から依頼されて行う「依頼格付け」と、公開情報にのみ基づいて格付けする「勝手格付け」がある（岩崎二〇〇四）。前者の場合、公開情報では得られない情報を得ることもできるが、格付け当事者が顧客になるという点でエコツーリズム・オーストラリアなどの抱える問題と共通していると言える。

もうひとつは、仮に、各観光業者の利害から完全に独立した、理想的な認証団体が存立されたと仮定したときの問題である。その問題とは、エコツーリズム業を新規に立ち上げる業者が増加したり、既存業者が事業を拡張することに伴う問題である。つまり、エコツーリズムが盛況になることによって自然生態系に悪影響を及ぼすという逆説的な問題である。

どんなに自然環境に配慮したとしても、新たに宿泊施設を建てたり、アトラクションを建設したりすれば、環境への負荷はかかることになるのである。そしてそれが集中すると、その地域の自然生態系は過剰な負荷をかけられてしまい、結果的にエコツーリズムが成立しないという事態になりかねない。

こうした問題をクリアするには、認証団体が認証料を徴収しないで運営することや、各事業者単位での認証をもう少し大きな地域単位で実施することが必要となる。もちろん、地域単位とはいっても、物資や人の移動が激しい現実を前にすると、そう簡単に実現できないことは言うまでもない。

さらに、当該地域のエコツーリズムが近隣地域などの多大な犠牲のうえに成り立っているという事態も避ける必要がある。このように考えていくと、より広い単位での認証を、ということにつながり、コストを度外視して言うなら、最終的には地球単位での認証が求められることになる。

地球単位はともかくとして、交通の便がきわめて限られている小笠原のように、物資や人の出入りをほぼ確実に把握でき、特定できる場合には、地域単位での認証評価がしやすくなると考えられる。そこで私たちは、評価システムの構築ができないか、地域の人たちを交えながら検討を始めている。

ボトムアップなまちづくりの可能性

少子化と大都市への人口集中は、地方の過疎化と高齢化を急速に進行させ、戦後の経済成長の勢いで放漫財政を続けてきた自治体のなかには、崩壊寸前の状態になってしまった自治体も現れ始めている。

バブル景気に浮かれていた一九八七年、総合保養地域整備法総合保養地域整備法（通称「リゾート法」）が制定され、地域振興策としてあちこちでリゾート開発が見られたが、身の丈に合わない大型開発をしてしまったケースが多く、バブル崩壊とともに、次々に経営が行き詰まるという事態を招いた。

結局、中央官庁が予算計画の下に実行する観光政策は、全国統一基準による横並び競争を招くことになりがちであり、各市町村あるいはもっと小さな地域単位の観光に適合させるのはかなり至難の業である。

もちろん、地域で入念に準備され、あとは予算さえ付けば、というケースなら、うまくいく確率も高まるのだろうが、地方分権が未成熟な現状では、なかなかそういうケースも生まれにくい。

しかし、もはや猶予はない。財政的に追いつめられたこの時期こそ、各地域の底力が試されていると考えることができる。そして、この底力は、地域住民一人ひとりによる、まさに下から上へ向かう力、ボトムアップな力の総体なのである。

小笠原は不便な離島の割には過疎が進んでいなかったり、歴史が浅く、都会から美しい自然にあこがれ移住してきた人たちが一定程度を占めるなど、日本の離島のなかではきわめて独特な社会・文化を形成している。そのことと関連して、他の離島、あるいは日本の他の地域と比べて、自立した住民が数多くいるように思える。私たちは、ボトムアップなまちづくりを考えるうえで、小笠原が持つそのポテンシャルに大いに期待している。

父島と母島

既述したとおり、一般民間人が居住しているのは父島と母島だけであるが、この二つの島は約五〇キロ離れている。少なくとも日本で、これだけ離れた島がひとつの行政単位にまとめられていることは大変珍しい。

そのため、父島と母島とはある種のライバル関係がある。いや、正確に言うなら、母島には父島に対するライバル心が旺盛である。内地から母島に行くためには、父島で乗り換えをしなければならず、また、父島には、小中学校のほか、都立高校まであるし、役場や東京都の支庁もある。その結果、人口も父島のほうが四倍も多くなっており、小笠原の中心は父島という印象を観光客も、両島住民も持ちやすい。内地からの観光客、講演者なども、父島だけを訪れる場合が珍しくないこともあり、一般に、父島住民はあまり母島を顧慮しないのに対して、母島住民は父島を強く意識する。

こうした両島の地理的・社会的条件の違いは、小笠原ならではの独特な文化ともいえ、村のまちづくりを考えるときに考慮に入れなければならないものである。

実は、航空路を持たないこの小笠原では、以前、空港建設をめぐる住民同士の対立があった（尾見二〇〇二）。そして、この対立のしこり、あるいは名残は現在（二〇〇七年）に至るまで完全に氷解したとは言えない。ただし、そのしこりなり名残は、基本的に主戦場であった父島に見られるものであって、母島ではほとんど見られない。

また、母島は、人口が四四〇人程度と少なく、観光業関係者と農業や漁業などの関係者との関係も比較的密である。まちづくりに関して積極的に発言する女性が目立つのも母島であるし、子どもが、観光客に対して自然にあいさつをするのも母島である。

これらの事情から、私たちは、母島をモデルケースとしてボトムアップなまちづくりを進めていくことの意義を見出し、母島を中心に交流を深めている。そしてその実践の中核にはエコツーリズムがあることは言うまでもないが、この言葉が、小笠原では少し垢にまみれてしまっているので、あまり前面に出さないようにもしている。

看板はあとにしよう

「エコツーリズムは、環境にやさしい観光」

このように聞いたら、小笠原村民に限らず、いきなり真っ向から反対する人は稀であろう。しかし、反論しにくい時代のキーワードは、反論しにくいだけに、その看板（ラベル）だけが利用され、上滑りしやすい。

構造改革、再チャレンジといった、時の政権のキャッチコピーなどが好例である。エコツーリズムも同様であるし、それに関連する言葉でもある「持続可能性」もやはり、とても心地の良い言葉であり、受け入れられやすい。

しかし、尾見（二〇〇六）が指摘するように、たとえば、自然環境の持続可能性と、食糧資源の持続可能性は対立する可能性がある。テサロニキ宣言に従って、持続可能性の問題を環境問題の外側にまで広げるなら、地域文化と人権が対立するといったケースも考えられる。テサロニキ宣言とは、一九九七年、ギリシャのテサロニキでユネスコとギリシャ政府の主催により開催された会議において採択された宣言文で、「持続可能性という概念は、環境だけではなく、貧困、人口、健康、食糧の確保、民主主義、人権、平和をも包含するものであり、最終的には、持続可能性は道徳的・倫理的規範であり、そこには尊重すべき文化的多様性や伝統的知識が内在している」と記されている。

さらに、卑近な例で考えるならば、食用油のプラスチックボトルを資源ごみとして出すには、ボトルのなかを洗うように言われるが、きちんと洗うためには、洗剤を使ったり大量の水を消費することになったり、汚水を流すことになったりする。ごみの埋め立ての量を減らすことと地球上の二酸化炭素を減らすことは本当に両立しうるのか。科学的根拠は乏しいままに、「持続可能性」が一人歩きしている感が否めない。根拠にもとづく環境教育が求められている（尾見二〇〇五）。

"Think globally, act locally!" というキャッチフレーズが環境問題に関わる人たちの間に広まって久しい。地球環境問題を解決するために、自分たちのできることを自分たちの地域で、足下で実践しよう、というものだが、多くは、地球規模での思考（think globally）と地域での実践（act locally）との間に乖離があるように思える。

自分たちの実践が、地球の問題にどの程度リンクしているのか、多方面にわたるきちんとした科学的根拠の蓄積が喫緊の課題となる。エコツーリズムについてもまったく同様である。

母島での調査の進行状況は、順風満帆とは言い難いが、住民の方々の日常生活を大きく乱さずに、エコツーリズムを通じたまちづくりが実現できないか、住民の方々と交流を深めながらその可能性を探っているところである。ただし、なかなか現地に行くことができないので、内地でエコツーリズムの勉強会を立ち上げ、その成果と小笠原村や母島の実情を結びつける作業を丹念に行っている。

また、この何年かは、「調査をさせてください」というかたちで現地を訪れることはほとんどなくなっている。私自身の気の持ち方という点から見ても、調査のために訪問しているという実感は薄くなっており、むしろ、現地の（まちづくりの）様子がどうなっているか気になって訪問していると言っても過言ではない。

ところで、村の人たちの多くは私を「尾見さん」と呼んでくれている。たまに講演をさせてもらうときに、司会役の人が「尾見先生」とちょっとからかうように紹介して、会場の笑いを誘うということもあった。

この関係性は私の宝である。どこから見ても偉そうに見えないのかもしれないが、それでかまわない。この関係性だからこそ得られるもの（情報）があるはずであり、この関係性こそがボトムアップ研究の要ではないかと自負している。あとは、そこからいかに研究の言葉に転換していけるかである。

現段階で確信していることは、子どもたちの潜在力をいかにまちづくりに活かすかが大きなカギを握るであろうということである。「王様は裸だ！」と言った子どものように、看板のキャッチコピーに恍惚としている大人たちに対して、説得力を持って指南してくれるのはきっと子どもたちなのだ。

引用参考文献

岩崎博充（二〇〇四）、『「格付け」市場を読む―いったい誰がトクをするのか』光文社新書

尾見康博（二〇〇二）、「住民運動と文化―小笠原における住民運動の多様な形態」、やまだようこ・サトウタツヤ・南博文編『カタログ現場心理学』金子書房、七二―七九頁

尾見康博（二〇〇五）、「根拠に基づく環境教育と物語に基づく環境教育」（日本環境教育学会第十六回大会発表要旨集）二八頁

尾見康博（二〇〇六）、「『持続可能性』を問い直す」（日本環境教育学会第十七回大会発表要旨集）一六六頁

佐々木土師二（二〇〇七）、『観光旅行の心理学』北大路書房

柴崎茂光・永田信（二〇〇五）、「エコツーリズムの定義に関する再検討―エコツーリズムは地域にとって持続可能な観光か？」『林業経済』五七、二―二一頁

社団法人日本旅行業協会（二〇〇七）、「エコツアーとは？」　http://www.jata-net.or.jp/osusume/eco/5htm（二〇〇七年五月五日アクセス）

日本エコツーリズム協会（二〇〇七）、「日本エコツーリズム協会が考える『エコツーリズム』の定義　http://

www. ecotourism.gr.jp/ecotour.html（二〇〇七年四月一一日アクセス）
日本自然保護協会（一九九四）、「ＮＡＣＳ・Ｊエコツーリズム・ガイドライン」『（財）日本自然保護協会資料集』第三十五号
古川彰・松田素二（二〇〇三）、「観光という選択―観光・環境・地域おこし」、古川彰・松田素二編『観光と環境の社会学』新曜社、一―三〇頁

第三部　決断・性・安全

――個人的事情から見た社会

第7章　道草考——子どもと大人の視線を水平に重ね合わせる

水月　昭道

子どもは、街のなかで気ままに遊び、大人の目に縛られない時間や環境のなかで道草を体験することで様々な能力を身につけていく。それは、道草そのものが有する特徴とも関係している。

道草は、移動をしていくなかでの遊びであるという特徴を有する。それは、時間に縛られず、目的性もなく、道をぶらぶらとするなかでの遊びなのである。

道草の語源を紐解くと、こうある（大辞林／三省堂）。

「馬が道々草を食いながら行くことから、途中で他の事にかかずらって時間を費やす」

車のないその昔、馬の背が唯一の荷台だったころの、人間の意志のとおりにはなかなか運ばない様々な状況がここには、ほのぼのとした風景として浮かび上がっては来ないだろうか。子どもの道草が展開される〝時〟や〝場所〟が様々であることは、道草の持つこの本来性と関わっているはずである。

道を歩く子どもたちは、移動の過程でちょっと目に入った面白そうなモノや場所を見つけては、（馬が道草を見つけてはその都度喰ったように）彼ら独自の遊びを展開していくのだ。たとえ、毎日繰り返し通る通学路であっても、日々の天気や気候の変化、季節の移り変わりや街に住む人たちとの出会いなどがあることで、子どもたちには常に新しい発見や驚きが届けられているわけだ（毎日、新しい草が生えているというわけだ）。

様々な変化のなかに身を置きながら、そのときどきの気分や、何かをきっかけとした環境との関わりが成立するなかで展開されるものが、子どもの道草と言えよう。これは、公園などの拠点的な場所において目的的に展開される遊びとは、その本質を異にしている。

子どもの道草は、子どもたちが街を移動するなかで体験する〝（草という）出来事との遭遇〟だからである。それは、最初から〝遊びに行く〟という目的が決まっている公園での遊びなどとはまったく意味が異なった、環境体験の形態のひとつなのだ。

道草の有するこの特徴にこそ、実は子どもの健全な発達にとって意義深い効用が凝縮して隠されているのである。子どもたちの道草を追いかけることで、そのことを確認してみたい。

一　子どもの道草の諸相

手で街を味わう

これまで観察された道草の形態を子どもの身体との関わりから整理してみると、「さわる」「引っ張る」

写真１　ミカン狩りの様子

「拾う」「たたく」「捕まえる」などといった、子どもがみずからの手を使いながら、道にある様々な環境との切り結びを〝直接的〟に行うということのなかで成立しているものが過半数を占めていたことが判明した。

写真１は、民家の庭になるミカンをちぎって食べようとしているところを写したものだ。民家の位置する場所は、子どもたちがいくつか持っている下校コースのうちのルートのひとつだ。

この日は、下校仲間の一人から、「ミカンちぎっていこうぜー」という提案が、行われたことで、回り道にはなるがミカン狩りを可能とする本ルートが選択されることとなった。子どもたちによると、この道は（遠回りになるので）いつも使うというわけではないということであった。

子どもたちの帰り道は、この日のルート選択過程で見られたように〝なんとなく〟決定されている場合が少なくない。帰路につく間に展開される道草も、同じように、なんとなく行われているものがほとんどであろう。

言い換えると、その日、その時の気分から行われる道草は、こんな遊びをしようという具体的イメージや目的を持って、その日の彼らの行動予定のなかにあらかじめ組み込まれているわけではないということである。そのため、構成された遊びのように複雑な形態やルールを必要とするのではなく、ごくシンプルな形態をとる場合が多い。

みんなでわいわい騒ぎながら、ミカンをちぎって食べるというこの日の道草も、そうしたもののなかのひとつなのだ。そして、そのシンプルさゆえに、手や足を使った環境との直接的な関わりを見せることが多いという特徴が見られるのである。

「さわる」という行為にもとづく道草についてもう少し取り上げてみたい。一人の子どもを観察していると、歩いているところに水たまりを発見し、ふと立ち止まって水のなかに手を入れ遊び始めるということがあった。また別の子どもでは、歩きながら次々と草花にさわるといった行為などが観察された。

これらの行動に示されるように、子どもは道を歩きながら、様々な環境との接触を行っているのである。そして、ここで指摘しておきたいことは、そうした子どもたちが興味を示す環境は、大人たちにとっては、さほど興味が惹かれるものとはなっていないということである。だが、当の子どもにとっては、確かに意味ある環境となっているという事実を忘れてはならない。

同じ環境のなかに身をおいても、環境との関わり方という点で、大人と子どもの間には大きな違いが見られるのだ。

たとえば、先に見てきたように、子どもたちは、とにかく手を使って街をベタベタとさわりまくる。こうした経験は、手という器官のなかに、みずからが住む街の感触を〝記憶〟として閉じこめていくことにつながっていっているように見えないこともない。

一方、大人の環境体験のあり方は、子どもの示すこうした形態とは一線を画しているように思われる。子どもたちが、遠慮なく街に触れる行為とは裏腹に、大人たちは、目や耳や鼻といった〝脳〟と直結した感覚器官でもって街を味わっているように見えるからだ。

それは、言い換えるとこうなるのではないか。

「身体による記憶」と、「脳による記憶」。

子どもと大人の身体性や生態の違いは、それぞれの環境体験のあり方に違いをもたらすが、そのことに気がついている大人はどれほどいるだろうか。

子どもによる環境体験の例を続けて見ていきたい。

足の裏で街を感じる

手を使った道草と同じくらい多くの頻度で見られたものとして、足を使ったものが数えられている。たとえば、歩行路と車道を分離するためのブロックが路上に設置されていると、そのうえを平均台のように使って歩く子どもは少なくない。同じように、道にちょっとした起伏のある場合、そこにスッと上って歩く子どもの姿も、よく目にするものである。

いずれの道草も、道にある何気ない環境との関わりをとおして行われていることがわかるのである。六〇センチくらいの高さの塀のうえを歩く子どもの姿も、またよく目にするものであり、道の角にある大きな石のうえをわざわざ越えて歩くといったような子どもの姿も記憶に珍しくないのではないか。

子どもたちが関わりを見せている道の環境は、大人たちから見れば、どれもほとんど意識されないばかりか、普段の生活のなかでは視界にも入らないようなものばかりではないだろうか。にもかかわらず、子どもたちは、しっかりと足の裏で道の何気ない環境との相互交流を行い、足の裏で大地を踏みしめながら街を感じとっているように見えるのだ。

信号待ちでの道草

移動していく（道ばたの草に足を止める）なかで展開される道草は、それゆえに独特の形態が生み出されていく。

たとえば**写真2**は、車が歩道に進入しないように防ぐポールのうえに子どもが座っている様子を取り上げたものだ。

さてここで、このポールのようなものが街のなかに点在していたと仮定してみる。その場合、子どもたちはいつもこの写真のような姿を見せてくれるだろうか。

少し考えてみれば、そうとは限らないということがすぐにわかるだろう。環境だけによって、子どもの行動が百パーセント規定されることはないからだ。

写真２　ポールの上で一休み

　つまり、この写真にある行動は、子どもが通学路を歩くなかでたまたま信号待ちに引っ掛かったことで、道草のきっかけが生み出され、結果的に信号の近くにある環境との関わりが発生したと考えられるのだ。

　それは、単なる環境との直接的な関わりといったこととは異なり、信号待ちという状況的な背景との関わりのなかで成立した道草の形態だと言えるのである。

　子どもたちは、通学路を歩くという、日常の連続した繰り返しのなかに身を置いていてさえ、状況的な背景の変化に敏感に反応し、環境との間に様々な関わりを見いだしていく生き物なのである。だからこそ、様々な環境体験を可能とする道草が、子どもの発達にとって重要な意味を持ってくるのだ。

抜け道を楽しむ

通学路は、とても長い期間にわたって子どもたちに利用される時空間のひとつだ。仮に、小学校一年生～六年生になるまで、引っ越しも経験せず同じ通学路を利用したとすれば、六年間もその道を通り続けることとなる。このことが、子どもの環境体験に広がりと深みを持たせていく。長い間、自宅と学校との間を行ったり来たりする過程で、子どもたちは彼ら独自の道の使い方を発見していくのだ。

たとえば、**写真3**は、子どもが学校の塀を乗り越えているところだが、これは、この子ども独自の近道となっているのだ。子どもにインタビューを行うと、ここだと塀にのぼりやすいし（高さが高くないので）、先生にも見つかりにくいのでちょうど良いというようなことであった。

こうした、子どもたちだけの抜け道となっている場所は、ほかにも街のなかにいくつもある。どのようにしてこうした独自のルートを発見したかと尋ねると、たまたま誰かがやっているのを見て覚えたといった回答や、兄弟から教えてもらったという答えや、なんとなく発見したという声が寄せられた。子どもたちに共有される抜け道のなかには、情報の伝達や受け渡しを通して、世代を超えて子どもたちの間に引き継がれていっているものもある。

写真4は、私がこの小学校に通っていたときにも利用していた抜け道である。三〇年近く前に利用していた抜け道が、現代の子どもたちにも利用されているのを知って、私は環境への関わり方が時を超えて共有されていることにたいそう驚いた。

子どもの道草には、発見する喜びや友達や上級生・下級生といった関係性のなかでそれぞれにとって

写真３　よっこらしょ

写真４　昔も今も同じことをしている

大切な〝秘密〟（抜け道情報などの）を共有している喜びといったものが備わっているようにも見えなくはないのだ。

街の人との交流の喜び

登下校の過程において、子どもたちは、街のなかにある様々な商店の前を何度も行き来することとなる。

この場合、繰り返し同じ店の前を通ることで、商店主と子どもたちは自然と顔見知りとなっていくことも少なくない。商店主の性格にもよるが、子ども好きな店主であれば、学校への行き帰りの子どもたちに声をかけてあげることもさほど珍しくないだろう。そんな商店主と子どもたちとの間における〝触れ合い〟について関係する事例を紹介したい。

シャッターの降りているこの店は、地域でもとても美味しいという評判のパン屋さんだ。ここの主人は、近くの小学校に通う子どもたちをいつも気にかけている人物であった。そのため、学校の行き帰りにお店の前を通る子どもたちにとっても、ここは少し特別の場所となっているようだった。子どもたちは、登下校の途中でパン屋の主人と挨拶を交わしたり、時にはパンをもらったりすることが何よりの楽しみとなっていたのだった。

ところが、ある時、ここのご主人が事故に遭い長期間入院するという不幸が起こってしまうのだ。地域の人も、子どもたちも大きなショックを受けていた。事故に遭ったことや怪我の程度、休業しなければばならないことへのお詫びなどが記された紙が貼られ、シャッターが閉じられ続けた店は、いつもは賑やかな街角にあって、そこだけが寂しさを漂わせているかのようだった。

　店にシャッターが降りてからしばらくしてのことである。シャッターには、入院中の店主へのメッセージ・ボックスが設置されていたのだが、そこに子どもたちが手紙を入れたり、連絡帳にメッセージを書き込んだりし始めたのである。

　子どもたちが去ったあと、そのノートを覗くと、「早く元気になってね」とか、「早く戻ってきてね」といった言葉がそこには並んでいたのだった。

　日常の生活のなかで、このパン屋の主人と子どもたちの間に、深い精神的つながりが構築されている様子がこのエピソードにはよく表れているのではないだろうか。

　登下校の過程での、街の人との触れ合いという〝道草〟を経験することで、子どもたちは、みずからの街へ対する安心感や信頼感を構築していっているように思えるのである。

二　道草をめぐる大人と子どもの意識の差

　見てきた事例からは、次のようなことが理解されていくのである。つまり、子どもの道草には、みずからが住まう町を身体化して理解するといった能力の発達や、体力や精神力を鍛えるといった機会の獲得、また、地域に住まう人との触れ合いを通じた社会性の習得といった効用がハッキリと見て取れるということだ。

しかし、通常の場合、子どもの道草が注目されることはほとんどない。むしろ、道草はする必要のないものとして捉えられていることのほうが多いはずだ。それは、どうしてだろうか。

子どもの道草は、地域の様々な環境を巧みに利用するなかで実行されていくものだ。そのため、しばしばそれは、大人の目からすると、意味のない環境のなかに身を置いた無意味な行動のように見えてしまいがちである。しかし、大人の認識からすれば無価値なように捉えられるそんな環境でも、子どもたちにとっては何らかの意味を持った環境となっていることは、これまで見てきたとおりだ。

ここに、地域環境に対する大人と子どもの視点の間には、確実な乖離があることに気づかされるのである。子どもと大人では、たとえ同じ環境のなかに身を置いたとしても、環境へ対する認識の差や身体的な差も手伝って、その体験の質には大きな違いが生じているのだ。だからこそ、同じ地域環境の下に住んでいるにもかかわらず、互いの大切にしている環境体験の質について理解し合うことが難しいということも発生してくるのだろう。

このことが、子どもをめぐる環境としては、現在、最も幅を利かせている「安全・安心」な環境づくりという流れとのつながりを築く素地となっているように思えなくもない。

ここ数年、子どもが巻き込まれる痛ましい事件が頻発した。子を持つ親たちは不安にかられ、社会もまた街を徘徊する不審者に対する不安を募らせた。そうした社会不安の増大とともに、地域において子どもの安全確保が最優先に唱え始められたことはきわめて当然のことである。子どもに、安全・安心な環境を保障することは、社会全体の義務でもあろう。私も、このことに異論を唱えるつもりはまったくない。

だが、安全・安心が最優先された結果、子どもの発達を〝阻害〟するような環境が構築され始めたとしたらどうだろうか。現在、安心・安全のフィーバーの下に、子どもの行動には制限が加えられ、抑圧的な環境の下に彼らは住まうこととなっている。「道草なぞとんでもない」という空気すらそこには漂っている。

もともと道草には、子どもの健全な発達にとって多くの効用があったはずだ。安全のために道草を禁止すれば、安全は確保されるかもしれないが、子どもの様々な能力を発達させる機会は、それと同時に失われていくのかもしれないのである。

だからといって、〝安全〟に逆らってまで〝道草をさせましょう〟とは、やはり言いづらいものだ。それは、なぜなのか。

三　空気の存在

現在、小学校では子どもたちに防犯ブザーや催涙スプレーといったものを携帯させているところが多い。校舎の入り口に監視カメラが取り付けられ、その様子が職員室にあるモニターでチェックされているところもある。そのものものしい光景を目の当たりにすると、子どもたちに道草をさせることなぞ〝もってのほか〟という空気以外のものが、そこに入り込む余地などまったくあり得ない。このことは瞭然としている。ここで、〝子どもに道草を〟などと言おうものなら、間違いなく怒鳴りつけられることは、誰もが容易に想像がつくことだったはずだ。だが、その時、私には、あえて現場の先生方へ、ある質問を投げかけてみたいという逆らい難い欲求があった。

「このような管理的な風潮をどうお考えになりますか」

先生方からの回答は、私の予想を覆す驚くべきものだった。

「子どもたちのことを考えるとこうした窮屈な締め付けは可哀想だと思います」

子どもの発達的環境を考える現場の先生方は、胸のうちでは、「もっと子どもたちを自由にのびのびと育てたい」と思っていたのである。だがそこに、「あ・ん・ぜ・ん」という言葉が持ち出されると、もはやみずからの意見なぞ表に出せなくなってしまうのだった。

万一が起こった際、〝(落ち度を有する)犯人捜し〟が行われるということもそのことに輪をかけた。

四　ひとつの価値観が突出する危険

私は、みずからが道草研究をスタートさせたときのことをふと思い出してしまった。時は、二〇世紀最後の年。まだまだ、世間的価値は、ファーストという概念が重要とされていた時代だった。ファーストの持つ様々な魅力からすれば、その対極にあるスローなんぞという概念は屑のように扱われてもおかしくなかった。つまり、スローなんて、大っぴらには言えないものだったのだ。

だが、こうした、ひとつの視点に絶対的な信仰が与えられたときには、世界はモノクロームなものになりやすい。ファーストか、それ以外か。

道草も同じことだ。安全か、それ以外か。だが、選択肢は最初から決められている。そこには動向を支配する〝空気〟があるからだ。

安全という言葉が絶対的な力を持ってしまった今、子どもをめぐる環境に対して、その他の価値観は不当に貶められるかたちで、他へ追いやられてしまっている。そこには、多様な視点が入り込む余地がまったくない、単独の価値観だけに支配されたまるで前世紀のような社会の風潮と同じような構図が形成されているようにも見えるのだ。

道草の調査を続けるなかで、私は、多様性が成立し難い世界に身を置くことの恐ろしさをつくづくと感じている。それは、誰もが好ましくないと思っているにもかかわらず、現実的には、その反対の方向に物事が進んでいってしまうという風潮が形成されるからであり、一度そのような風潮が形成されると、そこに歯止めをかけることがきわめて困難である。今、こうした現実をしみじみと噛みしめている。

五　道草研究が切り開くもの

その一方、道草研究を続けてきたことで、最近はほのかにではあるが、確かな期待も抱くようになった。ひとつの方向に向かいがらな社会の空気にも、別の流れが生じるきっかけを与えていける可能性が(私のなかで)見え隠れするように感じられるからだ。それは、道草研究の備える本質性と関わっている。

道草の研究を、前世紀の価値観との絡みのなかに位置づけ直すと、それは「無駄」を研究することであったとも言える。だがここでの〝無駄〟は、ある価値観に対する相対的なものにすぎず、決して絶対的なものではない。つまり、ある時期に〝無駄〟だと捉えられていたことも、時が来れば、そうでなくなる可能性もあるということである。

それは、ファーストという価値観に突き動かされてきた社会に多くの不都合が生じた結果、スローという価値観が重みを持ってきた流れを見ればよくわかるのではないだろうか。一定の姿(価値観)を永遠に有するものなど、どこにもないはずである。姿は移ろいゆくなかで様々に変化し、ものの価値もそれに伴い変わりゆくものなのだろう(諸行無常である)。

道草研究の意義とは、ある現象のなかに内包される多様な価値観を浮かび上がらせていくことにあると私は考えている。子どもの道草の価値を見いだすには、大人が子どもの視点に立って、彼らの生態をつぶさに観察し、大人自身も身体感覚を磨いていくことを必要とする。大人たちと子どもたちとが、互いの視線を水平に重ね合わせることができてこそ、ともすれば指の隙間からこぼれ落ちていきがちな価値を、その手に残すことを可能とするのである。本論の底流にある〝ボトムアップ人間関係論〟が構築されていかなければならない根拠はここに見いだされるのだ。

六　道草が健全な社会をつくる

翻《ひるがえ》って辞書をひもとくと、道草とは時間を浪費することというようなくだりも、目に飛び込んでくる。しかし、「時間の浪費＝悪」ということでは決してないだろう。時間の浪費が、その後の成功に結びついたということも、よく耳にするではないか。

つまり、一見すれば無駄にも見える〝浪費〟だったとしても、見方を変えればそれは、何か次のことにつながる土壌ともなっている場合も少なくないわけである。ただ何もないのではなく、〝ゆとり〟を内包し、様々な可能性を醸成する可能性を秘めたもの。それは仏教で言う〝空〟的な概念に近いかもしれない。それが、道草の本質のようにも思えるのだ。

私は、ひとつのものの見方やひとつの価値観に社会が収斂していくことを防ぐツールとして、この〝道草〟と道草研究が持つ可能性に、最近確かな魅力を覚え始めている。

現代の子どもを取り巻く社会環境は、「安全―安心」の両極に引っ張られている。だが、両者とも〝技術〟と〝不審者の排斥〟という極端なかたちで実現を目論んでしまいがちだ。安全は、工学的手法でもって、そして安心は、社会のなかに風（不審者は通報しようという）を生み出すことによって。

私たちの社会は今、この中間に位置する概念を必要としているのではなかろうか。村松伸（東京大学生産技術研究所）は、そこに「安楽」の必要性を唱えているが、私はさらに、〝安穏〟も加えてはどうかと思う。二つの言葉には、〝落ち着き・ゆとり〟という意味が内包されている。

落ち着いてゆとりを持って〝楽しみ〟、〝穏やか〟に過ごす。このことが、今、私たちに最も必要なことのように思えて仕方ない。私たちは、不安に敏感な生き物である。生き残るためには、不安を感じる能力はとても大切なものである。しかし、不安になりすぎれば、それに振り回されるだけではないだろうか。そして、ゆとりも遊びも〝仕方がない〟といっては切り捨てられていく。その結果、私たちの社会はどうなっているか。子どもを取り巻く社会はどうなっているか。子どもの発達にとって、望ましくない環境となっていることは、道草研究が実証的に示しているとおりである。多様な視点の同居を寛容に受け入れる社会の土壌があることこそが、自由という空気の存在を保障していく重要なものとなるはずなのだ。逆に言えば、健全な社会とは、様々な無駄を含むかたちでの多様性を受け入れる柔軟な空気がなければ、存在し得ないものなのではないだろうか。

「道くさもできない世の中なんて……」（私が子ども時代を過ごした昭和四〇年代に、一世を風靡した広告のキャッチコピー）

第8章　性に揺らぎを持つ人が語り始めるとき
――ボトムアップの契機として

荘島　幸子

はじめに、筆者が行ったインタビューのある場面を紹介したい。

インタビューでのAさんの語り

Aさん　私の場合は、それこそ、あの、性の自認が場面によって変わるタイプかもしれないですね。たとえば、会社とかいうような、男性と女性が分かれてる場では、どちらかにいないといけないので、そういうときは自分は男性になります。

筆者　ふんふん。

Aさん　自分で男性のアイデンティティに近くなるように調節するんです。

筆者　ふーん。

Aさん　それで、自分一人でいる場合は、性別がなくても別にいいので、それで「男、女どっちだ!?」っていう状態ではないんですよね。
筆者　うん。
Aさん　もうひとつは、自分とパートナーとの関係性のなかで、自分が変化するということがあります。相手が男性であると、こっち側が女性役割を引き受けるということです。そういうところがあるもんですから、そうなってしまうと、性の自認は女性に近くなってしまいます。
筆者　ふーん。
Aさん　というふうに（自分の性自認が）流動的なので、まっさらな自分だと性別がない状態に近いと思うんです。中性ではなくて。
筆者　うーん。
Aさん　それで、その社会の場面場面によって、必要とされるジェンダーとか性役割とかを引き受けて、で、性別が変わっていく。そんな状態じゃないかなぁ……？というところで、今は落ち着いています。

Aさんは、社会的立場や口々の対人関係のなかで、男であったり、女であったり、中性であったり、無性であると語る、性に揺らぎを持つ当事者である。読者のみなさんは、Aさんの語りを読んでどう思われただろうか。驚きを隠せない人もいるかもしれない。なかには自分の家族、学校、職場にそういう人がいる、まさに自分自身もそうだ、という人もいるかもしれない。

どちらにせよ、この世の中には、実際にAさんのように男／女、男らしさ／女らしさという二項対立のなかを漂流する人々がいるということが明らかになってきているし、彼らが、その姿と声を持って、私たちの目の前に可視化される時代が再び訪れようとしている。再びというのは、日本の歴史を振り返れば、性を転換することを望む人々が、ごく自然に存在していたとされているからである（河合一九九四）。しかし、時代が進むにつれて、彼らの存在は隠蔽され、声も姿も封じられてきた。彼らにとっての闇の時代を経て、医学、脳科学、社会学、心理学、精神医学、法律学といった領域を横断して注目され、その存在の解明が進む現代。その一方で、同時に痛感させられるのは、いかに自分たちが性について、それからジェンダー／セクシュアリティについて、語る言葉が少ないかということだ。それはまるで、彼らの存在を細分化し、科学的に迫りゆくことに反比例するかのようだ。

本章では、Aさんのように、みずからの性に揺らぎを持つ人たちが語る声に耳を傾けながら、私たちにとって身近な言葉になりつつあるジェンダー／セクシュアリティとは一体何で、それが人のどのようなあり方、生き方を指し示すものなのか考え直してみたい。

ジェンダーの三つの構成要素

人には、生物学的性別（sex：多くの場合は、出生直後に外性器によって男女に区別されるが、一部には卵巣と精巣の両方を持っていたり、内性器が外性器と一致しない間性や半陰陽などと呼ばれる人々も存在する。**図1**で、生

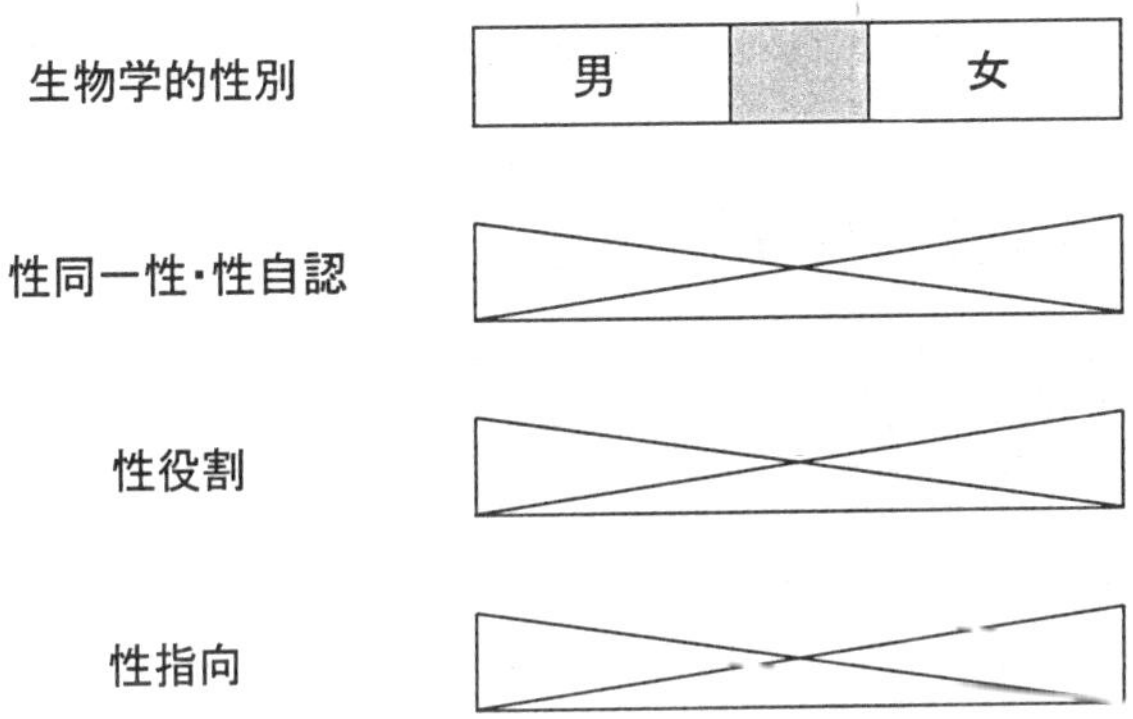

図1　性別とジェンダーの多様な組み合わせ

物学的性の項目にグレーゾーンがあるのはそのためである）と心理社会的性別（gender）があるとされている（Money, Hampson & Hampson 1957; Stoller 1968）。このうち、心理社会的性別であるジェンダーは、三つの構成要素からなっていると考えられてきた。すなわち、性同一性・性自認（gender identity）、性役割（gender role）、性指向（sexul orientation）の三つである（澤田 二〇〇二）。**表1**で、澤田（二〇〇二）を参考にして、三つの概念について説明した。

これら三つのジェンダーの要素は密接に関連し合っているが、人によっては必ずしも一致しているとは限らない。多くの人の場合、三つの要素が合わさって、男性型か女性型かに寄っていくが、個々の要素が様々な組み合わせで不一致になる場合があり、多様なパターンが存在するという（三橋 一九九八）。つまり、図1に示されるように、すべての人が男女のいずれかに二分されるわけではないし、生物学的には男女のどちらかであったとしても、その人の性同一性・性自認、性役割、性指向は必ずしも男女どちらかに振り分けられるわけではない（ちなみに、図1は、性に関する学術書や一般向けの解説書によく使われる

表1　ジェンダーの三つの構成要素（澤田2001を一部改）

性同一性・性自認	自分がどちらかの性別に属しているという基本的感覚や意識のこと。この意識は2〜3歳までに形成され、いったん形成されると変更することはきわめて困難であるとされる。
性役割	与えられた社会や時代において、男性的である、女性的であると見なされている行為、態度、振舞い、性質などを指す。
性指向	自分がどちらの性別に性的な魅力を感じるか、どのような対象に性的な欲求を持つかを示す概念である。性指向が同性に向かえば同性愛、異性に向かえば異性愛、両方の性に向かえば両性愛とされる。

ものので、一部用語を変えて記載した。佐倉（二〇〇六）は、このような図について「両端に〈女〉〈男〉を配して軸を設定する発想自体が、すでに二元的な性別意識にとらわれている」（六三頁）と述べている）。

そして、個々人独自の要素の組み合わせ、その人の性のありようのことをセクシュアリティと言う。人は意識的であろうと、無意識的であろうと、自分の自然なセクシュアリティを生きてしまうし――誰だって、異性に恋するのをやめなさいと言われたところでそれをやめられないように――、たいていの人は、自分のセクシュアリティを社会に認めてもらいながら――男女の結婚が制度として国から認可されているように――、わが国でそのセクシュアリティを、少々大げさに言えば、全うしながら生／性きている（いきている）のである。

重要なのは、ジェンダーの要素は、どれも人が主観的に感じることしかできないという点である。たとえ、ジェンダー尺度のようなもので数値化されて表されたとしても、結局のところ、回答そのものは主観的域を出ない。さきほど紹介したAさんの場合、ジェンダーの組み合わせはどうなっているだろうか。Aさんの生物学的性別は女性であるが、「性自認が流動的（Aさんの場合は、無性というパターンも存在する）」だと言い、それに従って実際の性役割を変更させている。たとえば、家庭では「わたし」、会社では「俺」などというように、使う一人称も異なる。冒頭のＡさんの語りでは、性指向については触れられていないが、発達の過程で男性から女性、女性から男性と指向も変化を繰り返している。

Ａさんの場合、三つの構成要素に食い違いが起きないように、意識的にせよ無意識的にせよ、男性、女性、中性、無性というジェンダーの要素を調整しているように見える。Ａさんが、みずからのこのような流動的なジェンダー／セクシュアリティを生きるようになるまでの道のりには、長い苦悩の歴史があった。なかでも、性同一性・性自認（gender identity）の揺らぎ、そして揺らぎから生じる心理的、社会的な葛藤は、Ａさんを幼少のころから苦しめるものであったようだ。

ところで、自分の性同一性・性自認（つまり、自分がどちらの性別に属しているかということ）を、日ごろ意識しながら生きている人はいるだろうか？　生まれてこの方、一度も自分が男であること、女であることを疑ったことはないという人が大多数なのではないだろうか。

次に、生物学的性別と性自認が不一致な状態と定義される「性同一性障害（gender identity disorder）」の当事者の声に耳を傾けてみよう。

「性同一性障害」当事者の声、声、声

――幼少期より身体に強烈な違和感を持ち続けているＢさん

Ｂさんは、二〇歳のときに性同一性障害と診断を受けた当事者である。生まれつきの性別は女性であ

るが、物心つくころから「自分は男だ」と感じていたという。女性らしい格好をした記憶は一、二度しかなく、それが原因でいつも母親と喧嘩していたという。Bさんは、幼少のころから自分の身体に対して、強烈な違和感を感じていたと言い、それによる孤立感や自己否定感に苛まれていた（不登校や自殺未遂を繰り返していた）。Bさんは身体違和感について、「ただ、自分のなかの問題として、胸が出ている状態が、常に違和感があると。二四時間違和感で。これに納得したことがないから、それを何とかしてほしいと。で、ペニスがついていないところ、要は穴があいている感覚があって、その感覚がとにかくどうしても違和感で。納得がいかないと。それを取り除きたいだけであって。だから、男になりたいっていうよりも男性体になりたいだけ」と語っている。当然、初潮についてはかなり激しいショックを受けており、「悲しくて遠くへ行ってしまいたかった」と心境を明かしている。性同一性障害の治療においては、当初、ホルモン治療及び性別再適合手術（乳房切除・ペニス再建）を望んでいる。Bさんの性指向は、女性に向いており、異性愛者である（Bさんの場合、性自認が男性なので、Bさんにとっての異性とは女性になるため）。

――中学のとき、突発的に女性であることに抵抗を感じ始めたCさん

Cさんは、生まれつきの性別は女性である。「小さいころは自分が女の子だって自覚してて、ランドセルは赤で違和感なかったし、スカートも平気」だったCさんに、中学生のとき変化が訪れる。それまで何の違和感もなく、周りにも「自然に染まっていた」自分の身体や、自分が女性であることが突然受け入れられなくなり、このころ、性指向も男子から女子へと変化している。その後、インターネットや

本を通じて、性同一性障害という言葉を知ったCさんは、次第にセクシュアルマイノリティのコミュニティグループ（性同一性障害、同性愛者、両性愛者、半陰陽など、正常，典型的，規範的とされる性のあり方から逸脱する、全体から見れば小数の人たちが集まって自分のことについて話をしたり、情報を交換したりする場。自助グループの機能を持つ場合もある。非当事者を巻き込んだ会も存在する）へ顔を出すようになっていった。性同一性障害という言葉を知ったときのことについては、「あ、これはと思ってみてたら、これかもしれないっていうふうに、あの、ぼんやりしていた自分の気持ちが、言葉でぱっと集中してしまった。（中略）あと、やっぱり自分は本当にこう（性同一性障害）なのかな？っていうのをずっと思っていて」とインタビューで語っている。身体に対しては、「むしろ嫌悪感は強くて、私の身体はだめだ」と思っていたという。初潮は、すんなりと受け入れたが、女性であることに嫌悪感を抱いてからは、徐々に毎月の生理に対する嫌悪感が増していったという。服装は、中性的に見えるような服に変えたが、家族からは男になることを猛反対されたという。

——結婚して、子どもができてから男性から女性へと性別移行を果たしたDさん

Dさんは、結婚し、子どもをつくり、男性として一生懸命に生きようとした果てに、女性である自分を見いだした性同一性障害当事者である。Dさんは、自分が性別適当手術をして身を女性に変えたことについて苦笑しながらこう語っている。「なんだろ、男の自分は自殺しましたっていう感じですよね。で、下に隠れていた、女性の自分がスペアで隠れていて、それがここにいるっていう」。Dさんは、幼少期

から「自分は母と同じ側にいる人間」と感じつつも、意識のうえでは「男にならなきゃ」と自分に男らしいジェンダーを課し続けていたという。しかし、あと一歩というところで、いつも挫折してしまう。Dさんはどこかで、すべすべした自分の肌に愛着を抱き続け、筋肉質になることやスポーツが得意になること（つまり、男らしいこと）を避け続けてきたのだと、振り返る。性指向は、男女半々だったが、大学入学ころからは、「男度強化キャンペーン」をみずからに課し、「ぼくはちゃんとした男の子だよと言わんばかりに、目に付く女の子を追っかけてた」という。身体への強い違和感を抑えたまま、Dさんは結婚し、子どもを持つ。仕事と家庭の両方で、男としての生活が破綻してきたとき、Dさんはそれまで接近することを必死で抑えてきた性転換の道へと傾斜していった。

ここでは、新たに三人の「性同一性障害――文字通り、性同一性・性自認に障害を抱えるとされる――」の当事者に登場してもらった。彼らの存在は、生物学的性（sex）と自己の性に対する意識（gender）が一致しない、性別違和（gender dysphoria）という現象の存在を確かに示している。わが国では、一九九〇年代後半になって、「性同一性障害者」として医学的位置づけを得た彼らは、それまで長い間「性倒錯症」や「性転換症」を持つ「異常者」として、治療の手立てもないままにひっそりと身を潜めるしかなかった。

冒頭に述べたように、日本には性別の違和に悩む人たちが古くから、ごく自然に存在していたと言われる（山内一九九九）。自分の性について悩みを持ち、異なる性で生きたいと望む人たちの生きざまは、『とりかへばや物語』から漫画『リボンの騎士』まで、広く文学作品に見受けられよう。山内（一九九九）は、『とりかへばや物語』が古くから語り継がれてきたことを見ると、「『反対の性で生きる』ことがそれほど世間はずれの、奇異なこととは受け取られていなかったのかもしれない」(一六三頁)と推測している。

なんにせよ、性別の違和が精神疾患として認められたことで(APA 1994)、性別違和はそれまでの「倒錯、ゆえに異常者」という見方から「疾患、ゆえに正常者」へと転換を果たしたのであった。Aさん、Bさん、Cさん、Dさんの四人の声は、このような歴史的闘いのうえに発されているということを鑑みると、一人ひとりの声の重みを感じざるを得ない。

「性同一性障害者」と語る人々のその後の物語

実は、問題はここからである。もう一度、先ほどのBさん、Cさん、Dさんに登場してもらい、その後の経過に耳を傾けてみよう。

――幼少期より身体に強烈な違和感を持ち続けていたBさんのその後

Bさんは、みずからを性同一性障害者であると知り、それを他者にカミングアウトし始めた。時期を同じくして、Bさんは専門職に就職し、社会的活動の場を拡大していった。社会的な場では、制度的問題や対人関係の壁にぶつかりながらも(「世間の枠組みと自分の存在が相容れないもの」と語り、社会に対して嫌気と戸惑いを感じている)、できる限りの対話を重ね、折り合いをつけていた。険悪だった母親との関係もだんだんと良くなり、Bさんは人生の視野が急に開けていくような感触を得ていた。すると、それまで強く嫌悪していた身体の感じ方に変化が生じ、「どうしようもないから手術しなければならない」、「切羽詰まった問題」であった身体が自分のなかで許容できるものになっていく。さらに、一昔前の自分について、病気にとらわれすぎていたと語り、病院からは「病気で悩んでるなら、それを第一に治したいはずだから、お金も時間もそこにすべて集中しろよ！　みたいなこと言われてる気がして」馴染めず、足が遠のいていく。Bさんは、仮に半年後に身体を変えることを想定したときに、「今までの人間関係がなくなる？　知っている人だけで生きていくだけならいいけど、もう、そういう規模ではない人たちと仕事上の関係の人っていうのも莫大にいて」、現実的に男性として性を変更して生きることが困難であると語り始める。また、治療については、手術までの道程が早すぎるとし、これでは「今までの自分にさようならできないような気がして」、手術は「受けるような気もするし、受けないような気もするし」と、悶々とした表情で語っている。Bさんにとって、「今までの自分」とは、女性の身体で生き抜き、構築された周囲との関係と、Bさんの過去そのものであろう。Bさんは現在、治療のスピードに代わって、治療のタイミングを求め始めている。

――中学のとき、突発的に女性であることに抵抗を感じ始めたCさんのその後

Cさんの転機は、大学に入学した夏に訪れた。Cさんは、大学に入学した当時は「自分のなかでは男寄り」「二つの性別を持っている」自分、周囲から見れば「Cさんは（男女の性別関係なく）Cさんだよね」というようなポジションで武道やロックサークルを楽しんでいたが、ふとしたきっかけで出会った男

性と「自分を試したいっていうような欲求」と「童貞だし、処女」な自分を捨てるために、「性交渉」をする。Ｃさんにとって男性との性交渉は、「（女性から男性に性別移行を望む）当事者の人々は（男性との性交渉は）あり得ないっていう発言をするし。やるなんて信じられないっていうけど、そこはやっぱ人間としてやらなきゃわからないでしょって思って。で、試してみたら、別になんともなくて、あっそみたいな感じ」だったという。そして、「自分は男だって言ってる女っていう感じですかね。うーん。やっぱり女からは出られない？　なんか違う種類のものなんだ」と気づき、それ以降は徐々に他者から女性として見られることも、女性のものを身につけることを試すようになっていった。夏休みが終わり、大学の後期の授業に入るころには、「もう（夏休み前と比べて）別人みたいな感じになってる」とＣさんは苦笑した。Ｃさんは、今になって振り返ってみると自分がそもそも性同一性障害だったのかどうかも危うい、錯覚だったのかもしれないという。また、「一定の波で、（この身体でも）ま、いっか、これでもっていうところも実はあって、でもやっぱりこうぶり返して」と、生／性の感じ方に揺らぎがあったことを認めている。女性として生きることを認められた今でも、性に関して「ちょっとした漠然さ」は抱えており、時に対人関係で悩むことがあると語っている。

――結婚して、子どもができてから男性から女性へと性別移行を果たしたＤさんのその後

「男としてやっていくことっていうのは自分でも許せない」という死に物狂いの思いで、家族から身を引き離してでも女性へと性転換する道を歩み始めたＤさん。水商売の仕事をし、ばっちりと化粧をし、

スーツでピシッと決めたかつてのDさんの写真がある。しかし、今は、化粧をせず、服装は中性的なものを着ることがほとんどだという。性転換後しばらくは、「自分は女性になり、安らぎを獲得した」というDさんだが、現在は女性という枠組みよりもトランスジェンダー（「性同一性障害」を医学用語だとすると、トランスジェンダーは脱障害、脱病気を意図してつくられた。つまり病気ではなく、自分の望む生／性で生きざまを強調した用語である。Dさんの場合は、男でもなく女でもないセクシュアリティを生きる自分という意味合いが含まれている）という枠組みのほうがフィットするという。「結局、その、隠し通して生きようと思ったって、どっかで必ずばれてしまうじゃない？（中略）だから、どっかでだから、連続して生きているものをチョキンって切って、まったく非連続な自分にならなくちゃいけないんですよね。そんなのうまくいくわけないですよ」と熱弁する。女性になったら、これまでの鬱々とした気持ちも晴れると信じていたDさんは、身体を変えたあともそううまくはいかず、社会適応できないまま生きている自分に不甲斐なさを感じている。現在の制度では、子がいる当事者の戸籍変更は認められておらず、それがDさんの不安定さを助長しているようだ。「本人は女だよって思ってるんですけど、あの、でも、戸籍上男なんで、歯切れの悪い言い方しかできないんですよね。（中略）やっぱりこう、何かしらこう、性にまつわることで何かしら社会的なことがあるときに、そのすごくぶれるんですよね、やっぱりね」と語るDさんは、経済的自立を果たすことを目標に、現在自助グループの代表をやりつつ、離婚した家族に仕送りを続けている状況である。

表2に、Bさんの生／性き方（いきかた）の変化の模様を①治療へのモチベーション、②身体の捉え方、

表2　Bさんの生／性き方（いきかた）の変化

時期	時期1	時期2	時期3	時期4	時期5
治療へのモチベーション	モチベーション高	モチベーション高	モチベーション高	モチベーション低	治療回避
	身体の違和感が「切羽詰まっている」	治療の見通しを立てる	治療の見通しを立てる	治療は受けたいが、病院への足が遠のき始める	治療を回避し、現状に留まる
身体の捉え方	元に戻すべき身体 病気の身体	元に戻すべき身体 病気の身体	元に戻すべき身体 病気の身体	許容できる身体 病気の身体	許容できる身体 身体ストレス低下
公的関係	（公的関係・私的関係ともに、Aの語りのなかに見いだせなかった）	世間と自分の存在が「相容れない」	専門職に就職し、社会へと参入する	社会的関係、交友関係が拡大する	社会的関係、交友関係の拡大とともに社会的責任が増大する
私的関係		他者と「対等である」自分／パートナーとの交際開始	友人との間での葛藤と摩擦。妥協点を見いだし、折り合う	対人関係の拡大、険悪だった母子関係が穏やかになってくる	
意味づけ（語り）	手術は「おでき」をとるようなもの		身体治療が「ゴール」	これまで病気最優先だった私、他者との関係性のなかで生きることを重視	

③公的関係、④私的関係、⑤意味づけ（語り）という視点から、時期1－5に区分してまとめた。他者との間で葛藤や摩擦を抱えつつも、社会的関係が拡大するなかで、身体への違和感が徐々に減少していく様子が見て取れる。

Bさん、Cさん、Dさんのその後の経過を聴いていくと、結局のところ、彼らは今や「性同一性障害者」を超えた彼方にあるように見える。三人の誰もが、みずからのジェンダー／セクシュアリティに漠然とした曖昧さを持つことに、以前感じていたほどの苦悩がないのである（Dさんの場合は、性同一性障害者としてみずからを語り得なくなったということに対する新たな苦悩が生じているが）。一体、性に同一性を持つ／持たないのは、自己か、身体か、果たして何であろうか。

声なき声に耳を澄ませ、感じてみる

身体の性別と心の性別（性自認）に食い違いが生じ

ており、自分が別の性に属していると確信している状態として定義される「性同一性障害」。近年では、わが国でも当事者が顔を出してメディアに登場したり、自伝を書いたりするなどして（たとえば、平安名二〇〇〇、宮崎二〇〇〇、佐倉二〇〇二、相馬二〇〇四、真木・山田二〇〇六）、世間に辛抱強く訴えてきたおかげで、その認知度は格段に上がってきている。当事者を取り巻く社会は徐々に整備され、医療の技術も発展しつつある。

しかし、性別移行した「男」と「女」の存在は、社会に根深く横たわるジェンダー／セクシュアリティに関する強固な物語を再生産している（佐倉二〇〇六）。その物語とは、この世には男と女の二種類の人間しかいないと考える性別二元論、そして異性愛主義の物語である。「性同一性障害」という言葉が、多くの性に揺らぎを持つ人を「病気、だから正常者」として医療の道へと道を開いたことの意味は非常に大きい。が、同時に、人の多様な生／性き方を認めず、「性同一性障害」のレールから零れ落ちていく多くの人たちがいることの意味もまた大きい。

医療によって救われる道が開かれると同時に、男女の枠組みには入らない多様な生／性き方が閉ざされてしまうという矛盾。Aさん、Bさん、Cさん、Dさんの四人の語りは、違和感を持って生／性き、「性同一性障害者」となり、紆余曲折するなかで、奇しくもみずからを既存の枠組みのなかだけで捉えられなくなった人たちであった。彼らについて言えるのは、自分だけが知る心の性別、いわゆる性「自」認が、自分にとっての重要な他者との出会いによって、性「自／他」認へと変容を遂げているということだ。つまり、それは他者を巻き込んだジェンダーであり、セクシュアリティであり、身体である。日本という国で生きる個人の人生の選択は、常に日本社会、そして現在に至るまでの歴史という大きな流れのなかで流されたり、抵抗したりしながらなされるものであろうが、他者とはそのなかでともに流れつつ、自分の位置づけを確認したり、時に浮石となって川の底に沈み行く自分を掬い上げてくれる存在である。

人にとって性の揺らぎとは、生の揺らぎ。身体にどうしようもない違和感を抱えてしまったがために（その違和感もひとつの自認であるが）、当事者たちは私たちの気づかない社会のひずみを十二分に被りながら、それでも必死に生きている。日本社会の川の流れのなかで、往々にして、自己を責め、内に籠もり、みずからの身体を傷つける方向へと向かいがちな彼ら。彼らが、水面に上がり、自分の事情を外に向けて発することができたとき、それを受け止める社会、そして私たちの役割は大きい。私たちもまた、日ごろ強く意識することなく、当然のものと考えている強固な「自認」に「他」を巻き込んでいかなければならないだろう。いや、それは巻き込むものではなく、否応なく食い込んで来るものなのかもしれない。

おわりに

これまで「障害者」「異常者」とラベリングされ（そのひとつとして、『精神疾患の分類と診断の手引 第四版』があるだろう〔APA 1994〕）、川面に浮かび上がることもままならなかった当事者たちに、ようやく医療の道が開けてきた。医療という大きな枠組みのなかで自分自身を位置づけ物語り始めた彼らは、今再び、新たな段階に歩みを進めようとしている。それは、彼らとともに生きる私たちにも、そして私たち全員が住まう日本社会にとっても言葉なき大きな挑戦状となるだろう。しかし、その挑戦状に対し、ひとつの答えではなく、多様な選択肢を根づかせていくことが重要である。人間の生／性をあるひとつの選択肢に当てはめるのでなく、あくまで人が主体となり、自分の人生を実りあるものにする多様な仕掛け（オルタナティヴ・オプションズ）こそが求められている。一人ひとりが、真摯に自分の身体を見つめ直し、他者とともに感じ直したその先に、ボトムアップに構築された幅広い豊かな生／性が待っているのかもしれない。最後にAさんの言葉で本章を締めくくりたい。

「トランスジェンダーして何が面白いかっていうと、社会が生きにくくなってる原因みたいなものが見えてくる。だから、男と女とか、両方の枠組みだとか、どこでそれが引っかかってるのかというのが見える。あ、ここを改善していけば男も女も生きやすくなるんだなっていうのがわかってくるんですよ。ヘテロセクシュアル（異性愛者）の人たちの問題点は、自分のセクシュアリティに自覚的ではない。だから、自覚させることから始めれば、他のセクシュアリティに対する理解も出てくるだろうって思うんですよね。自分たちのセクシュアリティに自覚的ではないのに、他者に対して理解する、共感するっていうのは、それ自体の下地とか基本が欠けてますからね」

引用参考文献

河合隼雄（一九九四）、『とりかえばや、男と女』新潮社
佐倉智美（二〇〇二）、『女が少年だったころ―ある性同一性障害者の少年時代』作品社
佐倉智美（二〇〇六）、『性同一性障害の社会学』現代書館
澤田新一郎（二〇〇一）、「性同一性障害の概念の成立と歴史的背景」、山内俊雄編『改訂版　性同一性障害の基礎と臨床』新興医学出版社、一―八頁
相馬佐江子（二〇〇四）、『性同一性障害三〇人のカミングアウト』双葉社
平安名裕生・恵（二〇〇〇）、『Search ～きみがいた―G

ＩＤ（性同一性障害）ふたりの結婚』徳間書店
真木柾鷹・山田正行編（二〇〇六）、『トランスジェンダーとして生きる』同時代社
三橋順子（一九九八）、「『性』を考える—トランスジェンダーの視点から」、河野貴代美編『セクシュアリティをめぐって』新水社、五–四四頁
宮崎留美子（二〇〇〇）、『私はトランスジェンダー—二つの性の狭間で…ある現役高校教師の生き方』ねおらいふ
山内俊雄（一九九九）、『性転換手術は許されるのか—性同一性障害と性のあり方』明石書店
American Psychological Association (1994), Diagnostic and statistical manual of mental disorders-IV.
Money, J., Hampson, J, G. & Hampson, J, L.(1957) Imprinting and the establishment of gender role. *Archives for Neurology and Psychiatry*, 77, pp. 333-336.
Stoller, R. J. (1968), Male childhood transsexualism. *Journal of American Child Psychiatry*, 7, pp. 193-209.

第9章　オルタナティブ・オプションズとしての占い

――その非科学的な機能を探る

村上　幸史

占いと科学の使い分け意識

本章の目的は提供される占いの真偽ではなく、占いを信じるという受け手側の姿勢を検討することを通じて、正しさとは異なった軸から考察することである（占いがなぜ「的中する」かという、読み手の心理的要因を科学的な手法を用いて解明しようとしたものについては、村上〔二〇〇五ａ〕を参照）。タイトルにもあるオルタナティブ・オプションズとは、何かの代替手段となるような選択肢のことである。占いは科学的な手法の代替選択肢になりうるのか。あるいは占いは何と対比されるものなのだろうか。

はじめに以下の議論で何が焦点となるのかを説明するために、占いの選択的利用に関する簡単な具体例を紹介する。これは「どのようなときに占いを、またどのようなときに科学的な情報を利用しようと思うか」という意識的な使い分けについて、大学生四四人に自由記述で回答してもらったものである。回答はＫＪ法（人類学者の川喜田二郎が考案した創造性開発、または創造的問題解決の技法で、川喜田の頭文字をとってＫＪ法と名づけられている）によって、筆者が整理を行った。

使い分けの意識があるものについて整理すると、科学的な情報を利用しようと考えるのは「確かな情報を得るため」や「大切なときに」のように、情報の確実性という意味で、科学的なものが占いよりも上位に置かれている場合があげられる。もうひとつは「天気など」や「ダイエット広告」「知識」のような情報が一般性を持つ場合である。

一方占いを利用するのは、「遊び」や「友達といるとき」などのようなエンターテイメント的な利用に加えて、「悩んだり迷ったりするとき」や「自分では選択できないとき」「あと押ししてほしいとき」のような不確実な状況にある場合や、「恋愛・お金・仕事」や「自分の性格」「友達との相性」などの個人的な問題の場合があげられる。このなかには「将来の自分を占ってほしい。先のことなので科学的な情報では予測できない」などの意見も見られた。ただし、そもそもどちらも利用しないという意見もあり、他者に頼ることと自分自身で行う意思決定は対比されているとも言える。

回答のなかで特徴的なのは「行動の指針にする程度」や「参考にする程度」のように、信じる姿勢を示すものとして「〜という程度」という面白い表現が多数見られたことである。つまり、自分自身は信じてはいないことを強調しながらも、占いには何らかの機能があり、他者が信じていてもおかしくはないこと、またまったく拒絶するものではないという態度を示す表現であると推測される。

以上の回答からは、あくまで占いは科学の下位に置かれており、占いを信じることと対称の位置には疑うという前提があることがわかる。そのために盲目的に依存する者やシステムを疑わない者、その疑うことのない姿勢自体を否定する態度が見られること、また同時に占いの利用は能動的な行為であり、「利用させられているのではない」という主体性の意識があることが示唆される。そこでなぜ科学が優越性を持つのかと、その科学が優越性を持つ状況のなかで非科学を「信じる」ことが指す意味について次に考察する。

ここで占いの分類を簡単にしておきたい。一口に占いと言っても様々な種類があるが、占う内容とその方法で大きく分ければ**表1**のように分類できる。本章で扱うのは、このうち記述式／口頭式にかかわらず運勢を占おうとするものである。

非科学の位置づけ

そもそも疑似科学や非科学という言葉からわかるように、占いは「科学に似せたもの」や「科学ではないもの」という、科学から見て否定的な位置にある。これは科学者の態度からも明らかである（草野一九九六など）。

一柳（一九九四）によれば、科学的であること自体の持つ価値が生じたことで、非科学的とされる事象でも手法的には科学的であることが重要視されるようになった（その結果、科学陣営から「擬似」科学と呼ばれるようになったのは、まさにこのことを言い表している）。実際のところは、科学と非科学の境界は曖昧である

表1　占いの分類とその代表例

	口頭式	記述式
性格・相性	四柱推命 易	血液型占い 動物占い
運勢	四柱推命 易	星座占い

にもかかわらず、近代社会では科学と非科学の間には価値の上下が二分法的にある。それは、科学が真理であり正しいものを示しているのに対して、非科学は否定される忌むべきもの、かつ取るに足らないものにあるという対立構造・階層構造である。あのニュートンも実験のかたわら錬金術を行っていたというエピソードもあり、もともと科学は占星術などのオカルト的なものに由来を持つにもかかわらず、近代では特権的な価値を有している（この科学と非科学の間にある境界の問題は伊勢田［二〇〇二］などに詳しい）。

科学者が自分の役割に応じて「非科学だと思うもの」や「科学であると主張するもの」に対して否定的に意見を述べるのは当然の態度である。特に金銭が絡むものや、客観的な妥当性を強調するものは悪用の恐れがあると言えるからである。近年では物理学会でシンポジウムが開かれたり、雑誌に擬似科学の特集が組まれたりと、大学の研究者、とりわけ自然科学系の研究者にも疑似科学にどう対処するかという関心が高まりつつある。

しかしながら、上村・サトウ（二〇〇四）が血液型性格判断を例としてあげるように、いくら説得しても「科学者の思う科学的な考え方」は普及しないことが指摘されている。その理由はいくつか、たとえば否定することは肯定するより難しいという反証の問題などが考えられるが、本章で重視したいのは、科学的な視点で見ているのは効果の大小や真偽であって、個人的経験である「現象」を見ているわけではない点である。

たとえばサイコロを振って出た目やスポーツの試合の結果は、おそらく誰が見ても（ルールを理解していればだが）明らかであるが、その善し悪しは誰にとっても同一であるわけではない。つまり科学的理論の有効性は事象の同一性を仮定できる場合に限られるのであって（池田 二〇〇七）、個人的な経験においては再現可能性が該当しない場合がある。そのため「いつでも当てはまる」や「すべての人に当てはまる」という一般性よりも、「当たっている」という直感的思考が優先される場合が多々見られると言える。なかには都合よく解釈している場合もあるだろうが、ひとつの事象だけを取り出せば客観的に見ても的中と呼べる場合は存在する。このように科学的な立場から見た場合には非合理であっても、「しろうと理論」に代表される経験則的なものをはじめとして、適用可能性の範囲によっては非合理とは決めつけられない場合があると言える。

余談になるが、占いが非科学的であるとされる理由のひとつは、客観的に見た的中率が偶然性を超えないためである（他の理由としては「バーナム効果」と呼ばれるように、的中の条件があいまいであることなどがあげられる）。松井（二〇〇七）は運の善し悪しを○△×の三段階で日記に記録してもらい、別の者にその期間の雑誌の占いを同様のかたちで判断してもらったところ、その的中率はほぼ三分の一ずつ、つまりランダムな確率とほぼ同等であったことを指摘している。村上（二〇〇五ａ）でも雑誌の占いで、その期間前に的中しそうな個所と実際に的中したと思った個所をそれぞれ示してもらったところ、結果的に四分の一程度は一致していた。このことからわかるのは、占いの的中率は決してゼロにはならないことである。科学的に示されるものよりも劣るかもしれないが、時間と人のごく狭い範囲では、その因果ではなく「効果」についてはゼロでない可能性は留意しておく必要がある。

「信じる」ことと科学・非科学

ここで個人的経験や現象に注目した場合に鍵となる「信じる」という構造について考えてみたい。占いを「信じる」ことは何を指しているのだろうか。

伊藤（一九九七）は、不思議現象に接する態度から「信じる」ことには二つのタイプがあると述べている。一つは物事の根拠の有無で判断するタイプ（因果的思考）であり、もう一つは利用する際に根拠を問わず直感的な姿勢を重視するタイプ（直感的思考）である。前者の思考の土台になっているのは論理というシステムである。

伊藤の調査では占いに関する学生の考え方をまとめているが、回答者が「相応の根拠がある」としたものとして、占いが伝統的な歴史を持つこと（具体的には占星術や易などを指していると推測される）や生得的要因の価値、一種の統計学などがあげられている。例えば要因としての誕生日が生物個体の運勢を決めるという説明は、一見非科学的である（ただし、川口〔二〇〇六〕のように、早生まれが生育環境的に学業成績やスポーツ選手に不利という社会科学的な結果はある）。しかしながら、われわれは遺伝のように「生得的に獲得している要因が人の性質や将来などの何らかの要因を左右している」という生得観を持ち合わせており（村上二〇〇六）、生得的要因の影響力というメタ的な視点自体は共通している。

このように科学的なものに限らず、非科学とされるものでも理論的な根拠の土台は有しており、まったく因果的思考を行っていないわけではない。ただしその反面、伊藤が指摘するように関係性があるという説明のことはうまく説明し切れなかったり、都合が悪いことには例外をつくったり、とその説明には矛盾や穴があるため、論理的には破綻をきたしている場合がほとんどである。

因果的思考と直感的思考の中間的なものを仮定した場合に、「しろうと理論（lay theory）」と呼ばれるものが考えられる。法則的な形態をなしている知識や思考であっても、個人的な経験をもとにしており、科学的に見た場合には誤りである可能性があるため「しろうとの」理論と呼ばれているものである。

では、科学的な理論を信じることはすべてが因果的思考であると言えるだろうか。池田（二〇〇七）は科学的な理論の善し悪しを決めるのは、因果の強度というよりも対応関係の強度であることを指摘している。これを事象の生起と結びつけて考えてみると、たとえば酸素と水素から水ができるといった、ほぼ例外なく必然的と見なせる理論と直結した事象がある一方で、雨が降るなどの可能性が高いが確実とは言えない事象や、「予測できない」（「起こらない」ではないことに注意）という偶然性も科学的なひとつの結論として織り込まれている場合がある。

もちろん理論的な背景をもとにしており、単に同時に起こる可能性が高いというだけの随伴的な事象ではない。しかしながら「科学的な手法を用いれば一〇〇パーセント予測されるのに対して、非科学的なものはまったく予測ができない」というゼロ／イチの論理構造として利用できないことは明らかである。そもそも理論的な根拠を重視する価値は、適用に関する一般性（普遍性）が理由としてあげられる。いつでも誰にでも該当する理論は価値が高いからである。その点では科学的な理論に依拠する価値は高いだろう。しかしながら、その理論の適用範囲には幅がある。逆に過度に論理性を重視することは、科学的なものを絶対的な因果関係として捉えることに結びつきやすく、有効な程度の判断ではなく「信頼する／しない」という二分法的な判断を招きやすい。このことは伊藤も指摘している。

論理と信頼の構造——人か理論か

信頼の理論としては山岸（一九九八）の理論が有名である。山岸は信頼を分類し、広義の信頼とは他者の能力に対する期待と意図に対する期待の二つの側面から成り立つことを指摘した。この前提に立つと人が信頼するのは他者である。たとえば有名なマンガ『ブラックジャック』では技術を大金と引き替えに治療する有能な医師の姿が描かれているが、この医師はその反面、誠意を持って対処してくれるために多大な信頼を受けるという物語の設定になっている。占いを例にとるならば、占い師が有能であり、かつ詐欺ではない（こちらを騙そうとしていない）ことを期待することが信頼に当たる。

ただし、信頼の理論に関して補っておくと、山岸の理論は経済学的な損得を基盤にしたものであり、「効果」に見合った金銭的な損得などの利害関係を問わない場合には一概に理論を適用できない。また人は、他者を見ずに、その背後にある理論的なシステムだけを信頼している場合がある。たとえばジェットコースターに乗る場合に得ている安心は、それを設計した人や整備する人を信頼している場合もあるが、その背後にある何らかの「科学的な」ものを信頼しているから乗ることができるとも言えるのである。この場合には、科学的な理論そのものを理解しているというよりも、いわゆる「科学的なにおい」のするものが好まれているだけであって、かつある程度つじつまが合っていれば、科学的と見なして用いているのではないかということも考えられる。菅原(二〇〇六)も直接的に因果関係を確かめた経験ではなく、誰かがどこかで確かめたという「社会」への信頼に身をゆだねていることを指摘している。

この「科学的な」ものは、理解できないものや目に見えないものなど様々であるが、大きく見て理論システムに含めることができる。山岸の意図に対する期待の下位分類には一般的な不特定他者があげられているが、それよりも無機質なものや理論システムへの信頼は社会学者ルーマンの言うものに近い(山岸もその点は著書で触れている)。また宗教学者である島田(二〇〇四)も、信じることを宗教的な信仰と対人的な信頼に分けて説明しており、本章の分類はこちらに近い。

先の伊藤の議論に照らし合わせてみると、因果的思考とは人を見抜くのではなく、その人が用いている理論自体の真偽を議論しているのであり、その際に偽となるような論理(絶対的中するようになっており反証可能性がない、あるいは再現可能性がないなど)を見抜くことで、システム自体への信頼が低下する。これに対して直感的思考では、人そのものを信頼したり、占いという情報や行為自体を楽しむという、理論に関する比重が非常に低いのではないかと考えられる。

以上からは、占いを情報・人・理論(システム)の包括構造として考えるのが良さそうである。情報は人(占い師)が提供するし、占い師は広い意味での占い理論を用いていることになる。受け手は、この三重のシステムすべてを理解したり信頼する必要はないため、理論よりも人や情報が重視される場合もあるのである。

そもそも雑誌の星占いの源流である西洋占星術では、「いて座」のようにグループ単位で情報が提供されるのではなく、個人単位で占星図がつくられる。矢野（一九九二）はインドの占星術を紹介するなかで、この個人単位の占星図をつくる者とそれを解読する者は別であることを指摘している。神からのお告げが暗号めいたかたちで人に示されるため、読み手の解釈次第で吉凶の意味やニュアンスが変化することは、中村（一九九九）もおみくじの考察から指摘しており、これらの解読者はいわば「預言者」の役割を持つと言える。

また占いは運勢を提示するだけではない。村上（二〇〇五ａ）は記述式占いを分析したところ、その記述内容には「～すれば～になる」や「～しなさい（しましょう）」というアドバイスの要素が半分含まれていることを示している。対面式で提示される情報の割合や詳細はわからないが、このようなアドバイスの部分には占い師自身の考え方が含まれている。鈴木（二〇〇四）もまた、占い師がアドバイスを提供しており、その内容は一般的価値観や伝統的価値観に沿ったものであることも同時に指摘している。

さらに伊藤（一九九六）は研究協力者を街の占い師に派遣して、実際に占ってもらったあとにインタビューを行っている。このなかで見られた「厳しいことは占い師に言われたい」という意見は、友人や知り合いでもない、一回きりの他者という関係性に注目したものである。このように同じ主観的な意見のように見えても、占いというかたちを通して提供することで新たな価値が生じていると言える。

選択性

以上からは、占いの根底を支える理論だけでなく、理論と受け手に介在する占い師の存在、つまり説明者の比重は想像以上に大きいのではないかと推測される。前述したように占いのスタイルには、雑誌やテレビから情報だけが提示されるもの（記述式）もあれば、占い師と対面してコミュニケーションを行うものがある（対面式）。記述式の場合には占い手が見えない分、情報の持つ価値が高いと考えられる。これに対して対面式では、誰にどのような情報が提供されるのかという、占い師と占われる側の関係が個人と個人の関係であることに価値があると考えられる。

このような関係は東洋医学の医師と患者の関係に類似している。西洋医学では還元論的に（部分的に）疾患を診るのに対して、東洋医学で診るのは全体性としての人である。これが意味するのは、正当な手段を用いれば誰が診ても同じ（症状の程度や治癒にかかる時間に個人差はあっても、疾患そのものや胃の数に個人差はない）という均一性の前提を置く西洋医学に対して、東洋医学ではその前提を置く必要はないことである。個人を診る占いが近いのは後者であって、人によって異なることにむしろ価値を持つ場合がある。

大橋（一九九八）が、沖縄社会のユタシャーマニズムについての研究で示している、自分に合ったシャーマンとしてのユタを探すということも、複数の占い師がいることと共通しており、このようなユタや占い師は生物的な要因ではなく、社会的な要因を解決するための存在と言える。占い師も社会的なニーズに呼応して変容している例も示されている（種田 二〇〇〇）。そもそも専門家という価値で考えると、占い師がカウンセラーにたとえられるように、個人的な問題に対処するのに対して、科学者はそのような個別の問題について説明することはないのである。これは先にあげた自由記述の例がよく示している。

情報・人・理論の包括構造を整理し直すと、科学的なものは誰が行っても同じという仮定から、理論は人よりも優先される。これに対して非科学的なものでは、理論から情報を引き出し、目の前の人に適用・説明する人こそが優先されている。

加えて、前にあげた医師と占い師を用いた例に戻って考えてみると、医師は最低限の「技術」を国家資格によって保証されているのに対して、占い師になるための資格というものはない。その点では医学というシステムと占いというシステムへの信頼も異なっている。特に非科学的なものに限らず、この資格と「技術」というカテゴリーが完全に重ならない点は、人とシステムへの信頼のずれを生み出していると言える。医師にも技術の優劣はあるだろうが、それ以上に利用者から見る「技術」の優劣の差は、占い師では大きいのではないかと考えられる。同時に、均一的な効果以外のものを求める場合には、医師と占い師への信頼は類似している部分があると考えられる。

偶然性と必然性

では情報についてはどうだろうか？　占いには科学性との対比以外にもうひとつ必要な機能を持つと考えられる。それは偶然性との対比である。人は偶然の一致を稀なものと見積もったり（特定の集団において同じ誕生日の者が存在する可能性を過小に見積もる傾向である「誕生日問題」などが有名である）。みずからもランダムな傾向を作り出すことができないという研究があるように、特定のルールに従う因果的な必然性に比べて、偶然性を捉えるのは不得手であると考えられる（必然性ではないものとしての偶然性、つまり消極的な偶然性の認知と言えるかもしれない)。

偶然性の理解が不得手な理由として、しばしば偶然性は何分の一、あるいは何パーセントのように確率や割合という情報で示されるが、この確率や割合が持つ情報の一般性がそもそも理解しにくいものである点があげられる。それは中谷内(二〇〇六)も指摘しているが、個人単位でのある事象の生起は「起こるか、起こらないか」のどちらかであるのに対して、一般的な確率情報は何人かのなかで誰かに必ず起こること、または何回かに一度の割合で起こるかもしれないこととして、マクロ的な視点で見た情報で示されるためである。これらはミクロ的な視点、つまり個人単位で見た場合にはすべて異なる情報である。別の言い方で述べれば、個人が経験する多くのことは一度きりの現象であるため、科学的な意味での偶然性が価値を持たない可能性を意味する。

さらに、この偶然性は二種類に分けて考えることができる。それは事象の種類に限らず生起する(しない)かもわからない偶然的偶然性と、事象が生起することは保証されていてもいつ起こるのか、あるいは自分に起こるのかどうかがわからないという必然的偶然性である。先の記述例では情報の確実性が科学的な情報を利用する特徴として考えられるが、実際には「予測できない」という偶然性も科学的な一つの結論として織り込まれていることは前述したとおりである。

占いが情報として提供しているのは後者の必然的偶然性であって、「起こらない」という内容はほとんど提示されないことがわかっている(村上〔二〇〇五a〕)。また板橋(二〇〇四)も異常の生起が、正常(異常が起こらないこと)と相対化されて占いの対象となることを指摘している。占いで言えば何人かのなかで誰かに必ず起こることに近い例は性格占い（全員がいずれかのカテゴリーに該当し、基本的には重複しない）であり、運勢占いは前者に該当する（ただし一日や一週間などの単位で期間は限定されている）。確率や割合上は生起した事象と生起しなかった事象では同じ情報的な価値を持つ（たとえば一〇回中七回の生起と三回の不生起は同等の意味）であるが、個人の経験としては同等ではない。

とりわけ運勢占いで考える必要があるのは、占う時点と占ったあとという時間的視点の違いについてである。仮にある事象が生起する前と生起したあとに分けて考えてみると、生起前に持つ偶然性の意味は事象が生起することに対する不確実性、つまり予測不可能性を指すのに対し、事象が生起した後では「因果的な必然性はないが、他の可能性もあり得た（のに現在の結果になった）」という偶有性の感覚を指すことになる。

物語化と因果

たとえば「運命の出会い」のように、事象が生起するかどうかもわからないこと自体がポジティブな価値を持つ場合もある。これに対して、事象が生起したあとで生じる偶有性の感覚は、偶然性そのものが理由であるため、「どうして『私が』このような状態にあるのか」という、しばしば個人単位で受け入れ難い状況を引き起こす。

このような状況に対して、鈴木や板橋が述べるのは、みずからが経験した事象を物語的に位置づける装置として占いが機能していることである。つまり事象が生起したあとから、自分の行為や結果などの複数の出来事を意味づける役割を果たしていると考えられる。この事象の意味づけに類似した役割を果たすものとしては宗教が考えられる。ただし「業」や「宿命」などの因果応報という概念を用いて必然性を提供しようとする宗教と異なり、占いが提供するのは偶然性を含んだ必然性である。

必然的偶然性を提示する占いの情報は、事象が生起してから提示された内容を個人に想起させるという記憶の楔《くさび》のような役割を果たしていると考えられる。村上（二〇〇五b）は日誌を用いた調査のなかで、雑誌の占いから的中感を得た事例の約四割は、このような事象が生起してから占いを想起するというスタイルであったことを示している。このように占いは何らかの結果が生起することで、アブダクション的に占いの内容や「もし〜だったら」という反実仮想（仮説的推論）を読み手に生じさせる役割を果たしていると考えられる（ここでは「運命は決まっている」のような生得的な運命観や、自分の行為によって結果が変化していた可能性を読み手に感じさせる点で、偶有性の感覚とは区別されることを記述しておく）。

偶然性を吸収するシステム

以上から偶然性を吸収するシステムは自己と専門家に分けて考えられる。さらに、この専門家は科学者か否かで分けられる（**図1**）。自己が持ち得るシステムは因果的構造を持つ「しろうと理論」である。科学的な知識の専門家が与える説明は、これに対して一般的な理由である。個別の情報は与えられず、与えられるのはいわば「大きな科学物語」である。そのため科学的に見れば偶然であることが正しい場合でも、個人的にはそのような偶然性が価値を持たない場合が多々ある。この場合の偶然性とは、単一

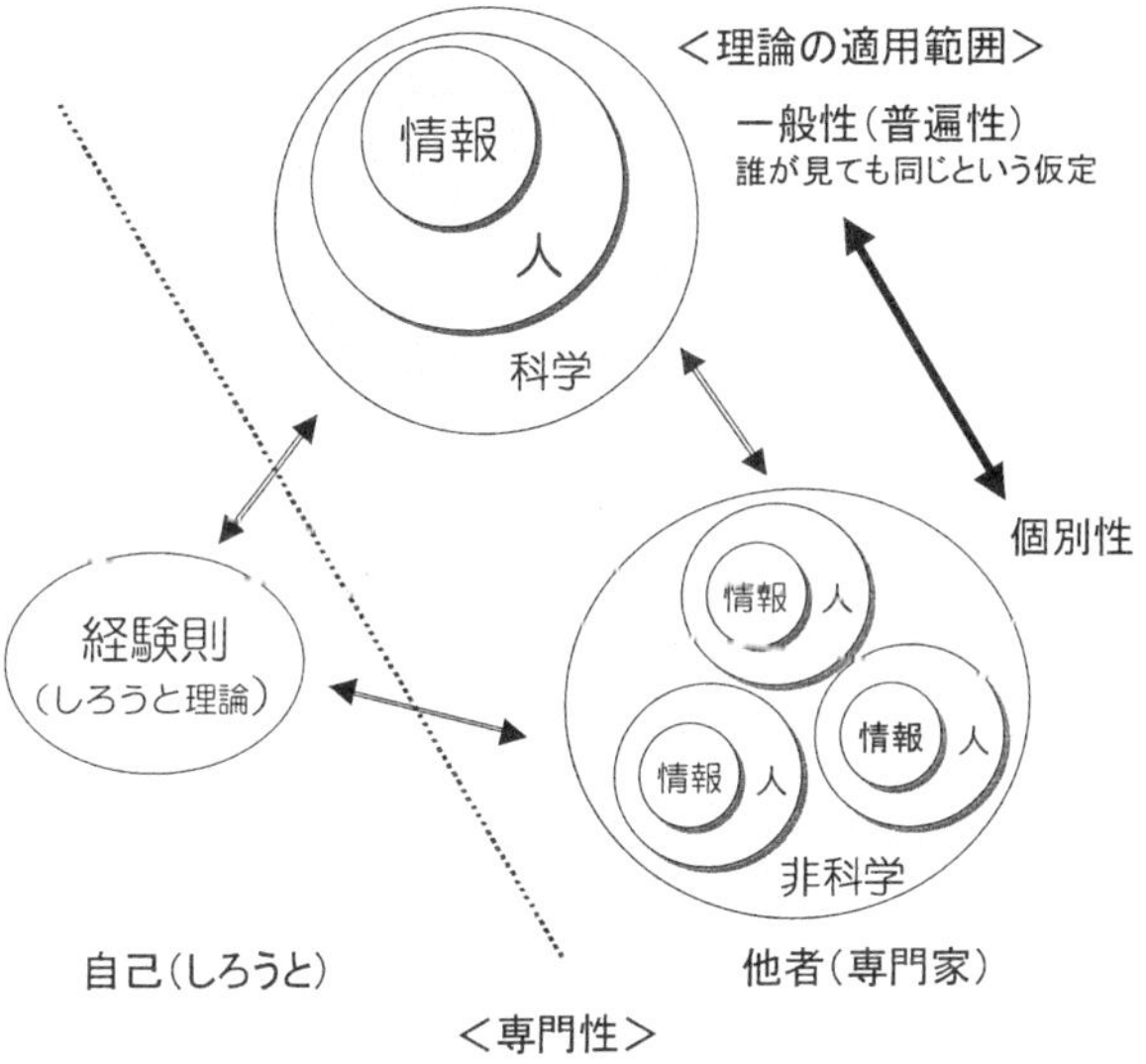

図１　偶然性を吸収するシステムに関するモデル

の事象について予測できないことを意味するからである。

ハッキング（一九九〇）の指摘を参考にすれば、近代以降の「物事は決まっている」という決定論の内容は神のみぞ知るような真実から、科学的に解き明かせる真実という方向に変化してきた。これは統計学の発達により、物事をマクロ的に見ることが可能になったということを示す。これに対して、ミクロ的に見た場合に、自分自身の自由な意志で行動することが、何らかの影響を及ぼすという非決定論と相容れない部分は残る。この意味で、何が偶然性であるのかを決めているのは、マクロ的な視点での推測であると言える。

これに対して、科学でない専門家の与える情報は、客観的に見て偶然以上の予測や的中という価値を持つかどうかとは別に、一般的ではない個別の理由を与える。一般的な理由でない以上、非科学を説く者はマージナルな存在にしかなり得ないが、個別の理由や他者が与える情報であるということの持つ価値が高いのではないかと推測される。

以上のシステムに占いの利用者が期待するのは、三者択一ではなく使い分けである。①事象の同一性が仮定でき、一般的な理由が有効である、また②複数の事象から総合的に判断するなど長期的視点に立てるといった条件の下では、科学的な知識の専門家が与える説明が有効である。これに対して①必然性や②個別の理由を求めたり、あるいは③短期的な視点、たとえば一度きりの事象に対する価値は、科学でない専門家による情報も有する可能性がある。そもそも冒頭で述べたように事象と現象に価値の違いを見ることは、的中することよりも、生起した出来事の意味づけに比重が置かれているのではないかと考えられる。

まとめ

最後に占いがどのような点でオルタナティブ・オプションズとして機能する可能性があるのかを簡単にまとめて述べておきたい。

1　科学との対比　ひとつは科学との対比である。科学的であることは同一性を仮定したうえで、人や時間的にマクロ的な視点に立つということである。それは確率論を援用して事象の普遍性を仮定できるからである。これに対して、個人かつ単一の事象に関しては効果の普遍性を問わないのと同時に、占う人によって異なるという選択性が生まれる。これが特定の個人を占うのに大勢の占い師から複数の情報が提供されても需要がある理由と考えられる。

2 偶然性との対比 二つめにあげるのは偶然性との対比である。予測としての占いには不確実性の低減という価値があるが、その理由は起こり得ることを提示するという必然的偶然性を可視化しているためである。また事象が生起してから生じる偶有性の感覚に対して、それを体系化する物語的な価値がある。

3 他者性 最後にあげるのは他者性である。そもそも個人の経験則からなる「しろうと理論」を用いたり、個人的に占うことも可能である。その際に、あえて他者のなかでも一度きりの関係を利用することと、特定の人を信頼することは区別される。これは、それぞれコミュニケーション的な観点からも興味深い点である。

本研究では占いがオルタナティブ・オプションズとして機能する可能性を論じてきたが、利用者はあえて科学的なものでないことを意図して利用しているのか(普遍性や同一性を仮定しないなど)、それとも科学的なものと見なしているのか、あるいはそのような選択の軸など意識すらしていないのかけ、明確になっているとは言えない。この場合には複数の人のなかから、科学のほうが選択肢のひとつになっている可能性がある。占いを利用する動機だけでなく、使い分けの意識や行動に関する調査のデータからさらに補足する必要があるだろう。

引用参考文献

伊勢田哲治（二〇〇二）、『疑似科学と科学の哲学』名古屋大学出版会
板橋作美（二〇〇四）、『占いの謎—今も流行るそのわけ』文春新書
一柳廣孝（一九九四）、『こっくりさんと千里眼—近代日本と心霊学』講談社メチエ
伊藤哲司（一九九六）、「〝非科学〟の社会背景　いわゆる〝非科学〟への人々の傾倒に関する社会心理学的研究」（文部省科学研究費補助金奨励研究A研究報告書）
伊藤哲司（一九九七）、「俗信はどう捉えられているか—『俗信を信じる』ことのモデル構成に向けて」（茨城大学人文学部紀要、人文学科論集三〇）一—三二頁
上村晃弘・サトウタツヤ（二〇〇四）、「血液型性格関連説の最近の動向と問題点（一）」日本パーソナリティ心理学会
大橋英寿（一九九八）、『沖縄シャーマニズムの社会心理学的研究』弘文堂
川口大司（二〇〇六）、「小学校入学時の月齢が教育・所得に与える影響」『ESRI Discussion Paper No.162』内閣府経済社会総合研究所
草野直樹（一九九六）、『暦・占い・おまじない　講座・超常現象を科学する（五）』かもがわ出版
島田裕巳（二〇〇四）、『人を信じるということ』晶文社
菅原和孝（二〇〇六）、『フィールドワークへの挑戦—「実践」人類学入門』世界思想社
鈴木淳史（二〇〇四）、『占いの力』洋泉社新書
種田博之（二〇〇〇）、「占いの宗教への変容—細木数子の『占い本』を事例として」（関西学院大学社会学部紀要八四）一四五—一五五頁
中村公一（一九九〇）、『一番大吉！—おみくじのフォークロア』大修館書店
中谷内一也（二〇〇六）、「リスクのモノサシ—安全・安心生活はありうるか』NHK出版
I・ハッキング著、石原英樹・重田園江訳（一九九九）、『偶然を飼いならす—統計学と第二次科学革命』木鐸社
松井豊（二〇〇七）、「不思議現象の流行—占いが『当たる』わけ」、松井豊・上瀬由美子共著『社会と人間関係の心理学（心理学入門コース五）』岩波書店、一五—三二頁
村上幸史（二〇〇五ａ）、「占いの予言が『的中する』とき」『社会心理学研究二一』一三三—一四六頁
村上幸史（二〇〇五ｂ）、「占いで思い出す？　占いを思い出す？—日誌法を用いた占い的中に関する研究」『対人

社会心理学研究』(大阪大学)五、七七―八三頁
村上幸史(二〇〇六)、「変わらないことに価値がある?―運命のイメージから生得性を探る」(第四七回日本社会心理学会大会論文集)

矢野道雄(一九九二)、『占星術師たちのインド―暦と占いの文化』中公新書
山岸俊男(一九九八)、『信頼の構造―こころと社会の進化ゲーム』東京大学出版会

あとがき――「人文社会科学振興のためのプロジェクト」のなかの「ボトムアップ人間関係論の構築」

サトウ　タツヤ

「ボトムアップ人間関係論の構築」というプロジェクトがどのようなものであるのかは、本書の各章が雄弁に語っており、その見取り図についてはすでに本書冒頭で行っている。そこでこの「あとがき」では、「人文社会科学振興のためのプロジェクト」（以下、人社プロ）という文脈における本プロジェクトのあり方について振り返って考えていきたい。

ボトムアップ人間関係論の構築というプロジェクトは、人社プロの第三領域「科学技術や市場経済等の急速な発展や変化に対応した社会倫理システムの在り方について研究する領域」の一角を占めてきたプロジェクトである。このほかに、「医療システムと倫理」「科学技術ガバナンス」というプロジェクトが同じ領域に存在する。

この領域は全体として、科学技術や市場経済の急激な変化を前提として、社会のあり方について考える領域である。社会倫理システムに「倫理」という語が出てくるが、ここでの倫理とは、正しさを求めることではなく、むしろいろいろなことを問い続けることだと考えている。この第三領域のなかで、筆者が提案したのは、人間関係から社会を展望しようということである。ふつう、社会と言えば「国際社会」などで表されるような大きな構成、もしくは茫漠としたものだと考えている人が多いだろう。私たちの提案は、社会の最小単位を「人と人とのつながり」つまり「人間関係」だと考え、人間関係の構築という視点から——いわばミクロの視点から——社会を見ようということであり、この「ボトムアップ人間関係論の構築」というプロジェクト名自体が提言そのものなのである。

マクロ—マクロ（の視点）という言い方は既存の学問、たとえば社会学などでは普通に行われていた。こうした言葉に代えて私たちは、ボトムアップという言葉を選んだ。トップダウンに対する語である。ミクロという言葉は静態的だが、ボトムアップという言葉には動態的な雰囲気がある。下から上にあがっていく、という躍動的な雰囲気である。

さて、人社プロは、学融（合）ということも目的の一つとなっていた。それについても——理念で導くことがあってもいいが——人と人との関係から構築していくことが良いと思われる。これもまた、人社プロという巨大プロジェクト運営に対する提言であった。若手の会、ニューズレター発行、関西人社プロジェクト交流会、などを行うことによってこのことは不十分ではあるが実践できた。また、筆者は人社プロ全体が行う全体行事についても毎回出席を心がけ、様々な分野の人と交流した。人間関係の構築が学融（合）を可能にすると考えているからである。

専門職とクライエントの関係

ボトムアップ人間関係論の構築プロジェクトが扱う人間関係とは何か。人間関係と言うと、すぐに親子関係、友人関係、恋人関係のような私的で親密な関係が思い浮かぶだろう。しかし、ボトムアップ人間関係論では、社会制度を営むうえで、あるいは、制度と関わるうえで、不可避に経験せざるを得ない人間関係について焦点を当てるところに特徴がある。知識や技術を受けるときに経験されるような人間関係であり、たとえば「先生」と呼ばれる専門職の人たちと接するときに生じる人間関係である。医師・弁護士・教師、多くの人はこういった「先生」と呼ばれる人たちとあまり関わり合いたくないと思っているのではないか。

たとえば、医療を受けるときに人間関係を考える必要があるのか？　を問うのがボトムアップ人間関係論の構築である。そこに人間関係を考える必要などなく、治療（技術や知識）が与えられて治ればいいというのがこれまでの考え方だっただろう。教師という職業にしても、知識や技術の伝授がメインであり、だからこそ、教師養成においては学科の知識が最も重要とされている。しかし、実際のあり方を考えてみれば、そこには人と人の関係が生じていることは明らかであろう。人が人を治すし、人が人を教えるからである。教育場――ことに生徒が若年の場合――では教師と生徒の人間関係が比較的重視されることもあるが、年齢があがればそれは弱まる。医療において人間関係に焦点が当たることは――少なくとも近年までは――ほとんどなかった。

「される側問題」というものがある。「される側」とは、治療を受ける、教育を受ける、相談を持ちかけてアドバイスを受ける、人たちのことである。技術の提供者側は専門職化（高等教育機関における養成）が進んでいるのに、被提供者のほうはそうなってはいない。また、科学、技術、知識は日進月歩であるから、専門職側が自身の職業実践に関して学ぶことは多い。すると、結局は提供者の側が専門知識を持つがゆえに、優位に立つことになり、される側は翻弄されてしまうことになる。医療においては、インフォームド・コンセント（十分な説明を得たあとでの同意）が必要であるとされてきたが、医師の説明を理解するだけの力をもつ患者は少ない。このように考えてみると、専門職とそのクライエントの関係については、人間関係に焦点が当たっていないだけではなく、非対称的関係（一種の上下関係）の存在が等閑視されているのではないかという疑念がわくのである。

提言「半分」降りよう＝水平的人間関係の構築に向けて

そこで、ボトムアップ人間関係論の構築の一つの目標は、医師と患者の関係、先生と生徒の関係、このような関係をいかに水平にしていくかということに向けられることになった。言葉を換えると、対人援助（対人サービス）を受けるときの人間関係ということにもなる。医療も教育もサービスと言えるかどうかは難しいが、まずこの言葉で置き換えてみよう。そうすると、される側である患者や学生・生徒が可能なかぎり自律的にものを考え、行動を選択できるようでなければ水平的関係とは言えないことがわかる。

知識や技術や治療はもちろん重要である。しかし、その受け渡しの際の人間関係は上下である必要はないし、一方的な指令や従属である必要はないのである。

では、水平的関係のために必要なことは何か。まず、受ける側にとっては、オルタナティブ・オプションズ（代替選択肢）が存在することである。選択肢が複数なければ、自由な選択はできないから、事実上の従属関係しか生じない。ある病気があってこれをすれば必ず治る、というようなものがあるのであれば、そうした治療は重要であり、選択肢は不要だと考えられるかもしれないが、そうであっても、医療機関を複数のなかから選べるというような自由度があってもいいのである。

一方で、「先生」と呼ばれる専門職のほうで重要なこともある。

知識や技術をもつ専門職が、それを得ようとする／与えられようとする人に対して、優位に立ちやすいということを自覚すること、このことがまず重要である。多くの「先生」たちは一種の上下関係を当たり前だと思っているが、それはおかしいのだと自覚すべきである。

水平的人間関係を築くためには、専門職の側が半分その役を「降り」て、相手に指示を出すのではなく、いくつかの選択肢を提示すること、かつその選択の責任を専門職自身が責任を負うというあり方が、必要となる。選択肢をいくつか提示するだけで選んだ人の自己責任というのは専門職のとるべき態度ではない。

そして、「半分降りる」スキルを専門職の側が身につけるべきだとここで提案したい。「半分降りる」スキルの「半分」というのはいくぶん比喩的ではあるが、まず、こちらが指示しないことである。そして相手の選択の責任をとることである。また、それをやったら素人でしょ、というようなことを専門職としてやることも含まれる。

たとえば、新たに始まる裁判員制度においては、職業裁判官と素人裁判員という人間関係が生じることがわかっている(この文章ではあえて通例に従って、職業、素人という語をつけて強調しているがこういう言い方も失礼と言えなくもない)。裁判員制度において、職業裁判官は裁判について膨大な知識をもっているが、素人裁判員はそうではない。素人裁判員が職業裁判官に伍して力を発揮するには、職業裁判官の支援が必要である。その際、職業裁判官が「半分降りる」スキルをもつことが望まれる。たとえば私は、「裁判官は法廷で猫を抱きながら仕事をするべきだ」と考えている。職場で猫を抱いている人はいない。もちろん、猫でなくてもいいのだが、動物と接しているとき、人は柔和な顔になる。こうした雰囲気が暗黙の上下関係を崩し、素人裁判員の力を引き出すかもしれないのである。こうしたことは決して実現されないだろうが、ボトムアップ人間関係論の構築という考え方から導きだされることなのである。

される側にとっての選択肢、する側が半分降りること、の他に重要なのはアリーナ性のガバナンスである。

これは、メタ文脈的なことであるが、専門職とそのサービスを受ける人との関係のあり方が常に透明性をもって見渡せるようなアリーナ性を確保するためのガバナンスが行政などに必要だということである。

提言──人間関係の偶有性を重視しよう

「先生」と呼ばれる専門職とそのサービスを受ける人の人間関係の本質は何か。それは「偶有的」であるということではないだろうか。ここで偶有的（contingent）とは、出来事生起における、ある種の必然と偶然を表す概念である。ある先生とある生徒の出会いは偶然である。たまたま、ある学校に赴任した先生と、そこに入学した生徒。しかし、それは偶然というだけではなく、その後の両者の人生の文脈として重要な影響を与えていくだろう。偶然の積み重ねが必然を織りなしていくのである。

本書のまとめとして、ボトムアップ人間関係論の構築プロジェクトにおける人間関係について、以下のように定義しなおしておきたい。

すなわち、医師と患者、教師と生徒、のように「先生」と呼ばれる人をめぐる人間関係は、「職業上あるいは生活上の理由から、偶有的（contingent）に出会う人々の関係」として捉えられる。

職業的役割関係を固定的に見るのではなく、人間関係の偶有性を前提にして、人間関係の水平性をつくっていくべきだ、というのがボトムアップ人間関係論の構築プロジェクトにおける現時点での提言である。そのためには、それぞれの現場における人間関係のあり方の記述が重要であり、それは本書の各章が担ってきている。

今後の課題

職業上の役割を前提としつつも、そこで出会った人たちの関係を水平的な関係に変えていく。その変えるための条件を追究する。それこそが、ボトムアップ人間関係論の構築が目指すところである。

理論的には、ボトムアップ人間関係論の考え方をさまざまな社会科学の理論との関係で考察することが課題である。選択肢設定について、選択肢設定が人間の生活・生存の質（ＱＯＬ）を高めるということを理論的におさえたうえで、インドの経済学者アマルティア・センなどの厚生経済学、具体的な行動設定についての行動形成的支援などを架橋する理論をつくっていきたい。あるいは、公共圏と親密圏、アマチュアリズムとプロフェッショナリズムという二項対立的概念から、「先生」をとりまく関係のあり方を考察し、より実践に役立つ議論を行っていきたい。また、さまざまな場面における選択肢設定や可視化自体の方法も課題である。

ボトムアップ人間関係論の構築プロジェクトは、人社プロにおける五年間の活動を経て、さらに取り組むべき課題が明確になってきたと言える。この試みが成功したのか、今後有望なのかの判断は、本書の読者にゆだねたい。

西垣　悦代（にしがき・えつよ）
1957 年生まれ。和歌山県立医科大学医学部教養・医学教育大講座（心理学）准教授。
論文：「日本の医師患者における信頼とコミュニケーション」（神戸大学大学院総合人間科学研究科提出博士論文）
研究テーマ：健康、環境、人間関係をテーマに、ミックスメソッドを用いた医療者－患者関係に関する研究、認知行動療法による健康増進、住民と共に地域活性化をめざすプロジェクトなど。

松嶋　秀明（まつしま・ひであき）
1972 年生まれ。滋賀県立大学人間文化学部講師。
著書：『関係性のなかの非行少年』（新曜社、2005 年）。
研究テーマ：非行や不登校など、一般には子ども自身の「問題」とされるものが、いかに社会的関係性のなかで作り出されているのか、臨床と研究という二つの実践のなかで考えている。

谷口　明子（たにぐち・あきこ）
1961 年生まれ。武蔵野大学通信教育部准教授。
著書：『子どもの育ちを支えるための教育心理学入門』（編著、角川学芸出版、2007 年）。
研究テーマ：「入院児の心理と教育」をテーマに院内学級でのフィールドワーク研究を続けている。ソーシャルスキル育成をめざした病院内教育プログラムの実践研究を展開中である。

田垣　正晋（たがき・まさくに）
1975 年生まれ。大阪府立大学人間社会学部社会福祉学科講師。
論文：「障害者施策推進の住民会議のあり方とアクションリサーチにおける研究者の役割に関する方法論的考察」
研究テーマ：自治体職員、一般住民、障害者の協働による障害者支援のアクションリサーチを続けたい。関わり手個々の支援に対する意味づけのブレや、ブレによって構成された多層性を明らかにしていきたい。

荒川　歩（あらかわ・あゆむ）
1976 年生まれ。名古屋大学大学院法学研究科・特任講師。
著書：『エマージェンス人間科学－理論・方法・実践とその間から』(共編著)。
研究テーマ：さまざまなレベルのコミュニケーションとそのメディア（媒体）に着目し、それぞれの媒体が現在持つ機能とその機能の起源について検討している。

尾見　康博（おみ・やすひろ）
1967 年生まれ。山梨大学教育人間科学部准教授。
研究テーマ：対人関係論とフィールド研究法について研究してきた。現在では、日常生活に密着した（「役に立つ」ではない！）心理学研究法のあり方を考えながらその実践に取り組んでいる。

水月　昭道（みずき・しょうどう）
1967 年生まれ。立命館大学衣笠総合研究機構研究員。
著書：『子どもの道くさ』（東信堂、2006）
研究テーマ：実証的アプローチを通して、子どもの安全と発達を両立させる地域（社会）デザインの論理構築を行うこと。

荘島　幸子（しょうじま・さちこ）
1980 年生まれ。京都大学教育学研究科博士課程、日本学術振興会特別研究員。
研究テーマ：性に揺らぎを持つ個人と他者、家族、学校、社会との関係性について、また語り直しやナラティブの変容過程、語り得ないものについてなど。

村上　幸史（むらかみ・こうし）
1971 年生まれ。神戸山手大学人文学部特任准教授。
論文：「占いの予言が『的中する』とき」『社会心理学研究』。
研究テーマ：心理学の立場から「運」や「ツキ」について、具体的な現象を通じて考えてきた。最近はモノから想起されることにも関心を持っている。

編者紹介

サトウ　タツヤ

1962年生まれ。立命館大学文学部教授。

著書：『ＩＱを問う』（ブレーン出版、2006年）、『「モード性格」論』（共著、紀伊國屋書店、2005年）ほか多数。

研究テーマ：医療におけるＱＯＬ尺度が、医療の効率に利用される数値になってしまっているのではないか。かつて知能指数を批判したときのように、数値による尺度批判を展開しようと雌伏中。

【未来を拓く人文・社会科学シリーズ02】

ボトムアップな人間関係――心理・教育・福祉・環境・社会の12の現場から

2007年10月30日　初版　第1刷発行　〔検印省略〕

＊定価はカバーに表示してあります

編者©サトウタツヤ　発行者　下田勝司　印刷・製本　中央精版印刷

東京都文京区向丘1-20-6　郵便振替　00110-6-37828

〒113-0023　TEL 03-3818-5521（代）　FAX 03-3818-5514

発行所　株式会社　東信堂

E-Mail tk203444@fsinet.or.jp

Published by TOSHINDO PUBLISHING CO.,LTD.

1-20-6,Mukougaoka, Bunkyo-ku, Tokyo, 113-0023, Japan

ISBN978-4-88713-790-5　C0330　

「未来を拓く人文・社会科学シリーズ」刊行趣旨

少子高齢化、グローバル化や環境問題をはじめとして、現代はこれまで人類が経験したことのない未曾有の事態を迎えようとしている。それはとりもなおさず、近代化過程のなかで整えられてきた諸制度や価値観のイノベーションが必要であることを意味している。これまで社会で形成されてきた知的資産を活かしながら、新しい社会の知的基盤を構築するためには、人文・社会科学はどのような貢献ができるのであろうか。

本書は、日本学術振興会が実施している「人文・社会科学振興のためのプロジェクト研究事業(以下、「人社プロジェクト」と略称)」に属する14のプロジェクトごとに刊行されるシリーズ本の1冊である。

「人社プロジェクト」は、研究者のイニシアティブを基盤としつつ、様々なディシプリンの諸学が協働し、社会提言を試みることを通して、人文・社会科学を再活性化することを試みてきた。そのなかでは、日本のあり方、多様な価値観を持つ社会の共生、科学技術や市場経済等の急速な発展への対応、社会の持続的発展の確保に関するプロジェクトが、トップダウンによるイニシアティブと各研究者のボトムアップによる研究関心の表明を組み合わせたプロセスを通して形作られてきた。そして、プロジェクトの内部に多様な研究グループを含み込むことによって、プロジェクト運営には知的リーダーシップが求められた。また、プロジェクトや領域を超えた横断的な企画も数多く行ってきた。

このようなプロセスを経て作られた本書が、未来の社会をデザインしていくうえで必要な知的基盤を提供するものとなることを期待している。

2007年8月

人社プロジェクト企画委員会

城山英明・小長谷有紀・桑子敏雄・沖大幹